A Guy, Alex et Mimi

L'anneau d'argent

Le cher anneau d'argent que vous m'avez donné
Garde en son cercle étroit nos promesses encloses
De tant de souvenirs, receleur obstiné,
Lui seul m'a consolée en mes heures moroses.

Tel un ruban qu'on mit autour de fleurs écloses
Tient encore le bouquet, alors qu'il est fané
Tel humble anneau d'argent que vous m'avez donné
Garde en son cercle étroit nos promesses écloses.

Aussi lorsque viendra l'oubli de toutes choses
Dans le cercueil de blanc satin capitonné
Lorsque je dormirai très pâle sur des roses
Je veux qu'il brille encore à mon doigt décharné

Le cher anneau d'argent que vous m'avez donné.
Poème de Rosemonde Gérard

Prologue

Claire était une jeune femme comblée sur tous les plans. Issue d'une famille de promoteurs immobiliers établis dans la station balnéaire la plus huppée du littoral belge, Claire était belle, intelligente tout en sachant rester humble. Cette qualité lui avait été transmise très tôt par ses parents. Son père lui répétait toujours lorsque petite fille, elle ramenait son bulletin en fin de trimestre paré des félicitations de l'institutrice pour son statut renouvelé de première de classe.

– Ma petite Claire sache, qu'au-delà d'un excellent niveau intellectuel, la véritable richesse d'une personne réside dans sa capacité à ne jamais rien prendre pour acquis, à être humble et toujours respectueuse de son environnement, c'est-à-dire des autres et des choses.

Ainsi, dès qu'elle se sentait pousser des ailes pour l'une ou l'autre réussite, une petite voix intérieure de rappel à l'ordre s'empressait aussitôt de la faire redescendre sur terre. Savoir être fière de ses réussites sans tomber dans la vanité, telle était sa devise. Après une scolarité sans encombre, elle avait poursuivi des études en sciences économiques à Louvain-la-Neuve, puis avait travaillé quelques temps aux côtés de son père, avant de se décider à parfaire son cursus en effectuant un MBA à l'École de Commerce Solvay, enrichi par un stage de six mois dans une banque d'affaires à Londres. C'est là que, le 6 janvier 2000, elle avait rencontré celui qui allait devenir quelques années plus tard son époux. Tom, un Luxembourgeois qui était en mission de prospection et de networking pour le compte de sa boîte. Elle l'avait aidé à se servir de la machine à café d'où sortaient, cela dit, en plus du café, d'autres breuvages tels que du chocolat chaud, du thé ainsi que de la *bovril soup*[1], arborant tous au demeurant un arrière-goût tout-à-fait immonde. Alors qu'il esquissait une grimace de dégoût en trempant ses lèvres dans ce liquide sensé être du café, elle s'était surprise – vraisemblablement encore grisée par les quelques *wassails*[2] avalés la veille au soir avec ses collègues, dans le quartier de Bankside, plongé alors en pleine effervescence festive au nom de la célèbre *Twelfth Night* – à souhaiter que ces lèvres pleines et bien dessinées rejoignent les siennes en un baiser. Il avait alors levé ses yeux et plongé son regard dans le sien qui le fixait comme si elle était totalement hypnotisée. D'un œil taquin, il lui avait demandé:

'Is there any chance that you and I could have a good coffee nearby?'

L'accent prononcé qu'elle ne parvenait pas à reconnaître l'intriguait.

'Euh... sorry but... where are you from, if I may ask?'

'Luxembourg and you?'

'Belgium.'

'How funny! We are neighbors then!'

---

[1] Bouillon en poudre composé à partir d'extrait de bœuf à l'image de la préparation OXO.
[2] Nom d'une boisson chaude alcoolisée – issu d'un mot en ancien anglais « ves heil », signifiant « bonne santé » – traditionnellement consommée durant les fêtes de fin d'année et plus particulièrement au cours de la nuit des rois (twelfth Night), correspondant chez nous à la nuit de l'Epiphanie.

'Yes, indeed!'

'So, you also speak French?'

'Yes, actually I'm speaking French, Flemish, German and as you can see English. And you?'

'Well, Luxembourg is officially a trilingual country so all pupils in primary school are normally taught in the three official languages that are Luxembourgish, French and German. After that, English is taught during the secondary education.'

'WAOUH! That's amazing!'

'Yes, it is but Belgium is also trilingual, isn't it?'

'Well, yes and no. It's a bit different. The country is actually divided in three language communities; Flanders, Wallonia plus a very small German-speaking community. Only the Brussels-Capital Region is officially bilingual.'

'Verstehe!'

'Aha! So you'd prefer to speak German?'

'Oh no, actually preferably French if you don't mind. I'm used to it as it is the most spoken language in the banking sector in Luxembourg.'

– Pas de problème !
– Et pour ce qui est d'un bon café dans les parages, alors ?
– Eh bien, il y a un Starbucks pas très loin.
– Super, vous m'accompagnez ?

– Euh…j'aimerais bien, mais je dois rejoindre mon poste, sinon mon chef risque de s'impatienter.

– Quel dommage, mais je comprends. Voici ma carte de visite. Je suis ici encore deux jours. Ça serait sympa d'aller manger un bout ensemble, non ?

– Euh… oui. Pourquoi pas ?

En voyant l'air abasourdi de Claire, il parut tout d'un coup pressé, se retourna et lui adressa juste un petit signe de la main en guise d'au revoir.

Il se dirigea ensuite vers les ascenseurs et à peine avait-il appuyé sur le bouton, que la porte de la cabine s'ouvrit. Sans plus se retourner, il se réfugia à l'intérieur. Claire resta plantée là quelques secondes avec la carte de visite dans la main avant de rejoindre son desk. Après avoir glissé la carte de visite dans son porte-monnaie, il lui avait ensuite été fort difficile de se concentrer sur son travail. Elle avait machinalement recopié sur son PC, lettres et procès-verbaux sans cesser de repenser au beau brun qui avait désespérément tenté d'obtenir un café de cet abominable distributeur de boissons chaudes qu'était le leur. Son trouble redoubla d'intensité à l'approche de la fin de sa journée de travail. Elle qui avait toujours mis un point d'honneur à ne jamais, au grand jamais, prendre l'initiative auprès d'un garçon, était cette fois prise au piège. Si elle voulait le revoir, elle allait devoir prendre son courage à deux mains et l'appeler, puisque lui n'avait aucun moyen de le faire. Il ne connaissait même pas son prénom. Toute perturbée qu'elle était, elle avait parcouru les miles en métro qui la séparaient de son lieu de travail et de l'endroit où elle logeait dans un état second. Aussitôt rentrée, elle avait brièvement salué sa *flatmate* avant de s'isoler dans sa chambre et de sortir la carte de visite de Tom Michels, Head European Fixed Income, Currency, Commodities and Equities Sales at LuxBanque. *Pouah impressionnant ! Quelle poisse !* Et elle qui n'était qu'une petite stagiaire ! Et bien qu'elle soit elle-même hautement qualifiée, elle n'avait pas d'emploi fixe et n'avait donc ni grade ni titre rutilant. Elle passa donc quelques heures à tourner en rond jusqu'à ce que Sophie, sa *flatmate* française, ne frappe à sa porte :

– Alors Claire, qu'est-ce que tu fous là toute seule dans ta chambre ? Mon frère m'a envoyé une bonne bouteille de bordeaux et je n'ai vraiment pas envie de la boire seule. J'ai aussi un bon bout de fromage et il y a encore de la salade... CLAIRE ?

Pfff... ! Une chose était sûre, Sophie était une bonne vivante, toujours de bonne humeur et prête à transmettre sa joie de vivre à toutes celles et ceux qu'elle côtoyait. Elle était adorable mais pouvait aussi se révéler soûlante à toujours vouloir capter l'attention de tout le monde et à ne pas être en mesure de concevoir, ne serait-ce qu'un seul instant, que l'on puisse vouloir se retrouver seule de temps en temps. En même temps, un petit verre de rouge l'aiderait peut-être à rassembler son courage et à appeler Tom.

– Ça va, ça va, j'arriiive !!!
Elle ouvrit la porte et rejoignit Sophie, qui dans la kitchenette, était en train de déboucher la fameuse bouteille.

– Alors, dis-moi Claire, qu'est-ce qui te tracasse ? Et ne me dis surtout pas, RIEN, car je vois bien que depuis que tu es rentrée tout à l'heure, tu es totalement chamboulée.

– Mais oui, tiens donc, je ne savais pas que tu étais Psy, en plus d'être fin gourmet. On ne peut décidément rien te cacher !

– Eh non, j'ai comme qui dirait un sixième sens.

– Ben, voyons !

Sophie lui tendit un verre bien rempli.

– Tiens, bois une gorgée de ce somptueux breuvage et puis assieds-toi là et raconte-moi tout !

– Il n'y a rien à raconter, je t'assure, si ce n'est que j'ai eu une journée très fatigante.

– Taratata, on ne me l'a fait pas à moi ! Je te connais quand-même un peu depuis cinq mois que nous cohabitons ensemble dans ce petit *flat*. Alors vas-y, accouche !

– Bon d'accord … hum, j'ai croisé un mec ce matin près de la machine à café et …

– Ah, s'exclama Sophie en frappant dans ses mains. Je le savais !!! J'en étais sûre que ton état avait un rapport avec un mec ! Raconte !!!

– Oui, ben c'est ce que j'essaie de faire, figure-toi !

– Ok, je me tais, je suis toute ouïe !

– Oui alors voilà. Il était là de dos en train de se battre avec notre machine à café puis je l'ai aidé et bon déjà de dos, il n'était pas mal, mais de devant … WAOUH !!! C'était encore bien mieux ! En comprenant que le liquide que je lui avais obtenu était absolument imbuvable, il m'a demandé si je ne connaissais pas un endroit où il nous serait possible de boire un bon café ensemble.

– Génial, j'adore… Et alors, ensuite ?

– Ben rien, répondit Claire en haussant les épaules. Je ne pouvais quand même pas quitter le travail comme ça alors je lui ai tout simplement indiqué le Starbucks. Mais je pense qu'il a aussi été un peu troublé ou au moins intéressé, car il m'a remis sa carte de visite en me disant qu'il était à Londres encore deux jours et que ce serait sympa d'aller manger ensemble.

– Mais c'est super ! Tu l'as appelé ?

– Non, justement. Figure-toi que ce n'est pas n'importe qui ! Il est apparemment responsable d'un département et moi … Enfin, regarde-moi, je ne suis qu'une malheureuse petite stagiaire à qui on ne confie que des tâches de secrétariat insignifiantes. Puis, de toute façon, je me fais peut-être des idées. Et s'il ne veut qu'un petit *one night stand* ou bien pire qu'il ait juste dit ça comme ça. Je me fais probablement des idées, conclut Claire en secouant la tête.

– C'est ça, et moi je suis Madonna, lança Sophie mi-moqueuse, mi-irritée. De toute manière, ce n'est pas comme ça que tu vas savoir quoi que ce soit, ma vieille. Il faut que tu l'appelles, point barre ! Et si tu ne le fais pas, c'est moi qui le ferai ! Et tout en lui adressant un clin d'œil coquin, elle ajouta :

– Je ne serais pas contre une petite aventure moi !

– Espèce de garce, sourit Claire en se levant. Jamais de la vie, tiens ! J'y vais ! Et elle courut vers sa chambre.

– Eh bien voilà qui est mieux et surtout plus prudent ! claironna Sophie derrière elle.

Après avoir refermé la porte, Claire saisit son portable d'une main tremblante et composa le numéro qui était affiché sur la carte précédé du préfixe local.

Tout en entendant la tonalité caractéristique à double bip britannique, Claire avait des envies de nausées, tellement elle était angoissée. Elle ne savait même plus si elle espérait qu'il décroche ou s'il était préférable qu'il ne prenne pas l'appel. Quelques secondes plus tard, elle tomba finalement sur sa boîte vocale. *Pouah, c'était peut-être mieux comme ça après tout*, pensa-t-elle. Ne comprenant pas un traître mot de l'annonce laissée par Tom sur son répondeur, Claire fut incapable de dire quoi que ce soit après le bip sonore. *Et merde !* lança-t-elle, en balançant rageusement son GSM sur son lit qui, simultanément, se mit à sonner ! Sans même réfléchir, elle décrocha.

– Oui allô ?

– Euh… oui ici c'est Tom, vous avez essayé de me joindre ?

Hébétée, elle balbutia :

– Euh … Oui en effet, mais comme ça ne répondait pas… Enfin, c'est moi… euh… vous savez, je vous ai aidé ce matin avec la machine à café. *Mais qu'est-ce qui m'arrive, bon sang ?* Elle suait et n'arrivait pas à aligner une phrase correcte.

– Ah, c'est vous !

Il avait l'air surpris mais pas ennuyé.

– Euh… oui, désolée si je vous ai dérangé…

– Dérangé ? Mais pas du tout. Je reviens de mon dernier rendez-vous et j'étais dans le métro. C'est pourquoi, je n'ai pas tout de suite pu décrocher car je n'avais momentanément pas de réseau. Mais en sortant de la station, j'ai vu qu'il y avait un appel en absence. J'ai donc simplement appuyé sur la touche pour rappeler ce numéro et ce n'était que vous.

N'était ? Ben merci ! pensa Claire, mais déjà Tom continuait :

– Enfin non, ne me comprenez surtout pas mal. Je voulais dire par là…

A présent, c'était lui, qui semblait avoir du mal à trouver ses mots, se dit Claire en appuyant sa main libre sur sa hanche.

– Enfin, reprit-il manifestement gêné, je croyais que c'était un client et j'avais peur que ma journée de travail ne se prolonge. En fait, je suis tout à fait ravi que ce soit vous qui ayez tenté de me joindre. D'ailleurs, avez-vous déjà quelque chose de prévu ce soir ? Je n'ai, pour ma part, pas encore dîné.

Claire fixa son radioréveil sur sa table de chevet. Il était déjà près de vingt et une heures. Elle n'aurait jamais le temps de prendre une douche, chose pour le moins indispensable après toute l'agitation des dernières heures et surtout des dernières minutes.

– Euh… c'est-à-dire que je dois encore travailler un petit peu. *Hou ! La menteuse !* la sermonna sa voix intérieure. On pourrait peut-être plutôt remettre ça à demain, non ? proposa-t-elle timidement.

– Oui, vous avez sans doute raison. Il se fait déjà tard d'ailleurs. J'ai mon dernier rendez-vous demain à quinze heures trente, je devrais donc être libéré de toute obligation professionnelle plus tôt. On pourrait se retrouver vers dix-huit heures trente. Ainsi, on pourrait d'abord aller boire un verre quelque part, puis aller dîner. Qu'est-ce que vous en dites ?

– C'est parfait.

– Vous avez une préférence ? Indien, chinois, italien, mexicain, thaï… ?

– Non, je mange de tout. Je vous laisse choisir.

– Eh bien là sur le coup, je ne sais pas trop. On pourra décider ensemble demain, non ?

– Oui, c'est peut-être mieux. On se retrouve où ?

– Hum… Leicester Square peut-être ? Devant le cinéma *Empire* ?

– Parfait. A demain alors ?

– A demain, euh… non… une petite seconde encore, s'exclama-t-il. Je ne connais même pas encore votre prénom.

– Ah oui, c'est vrai, excusez-moi. Je m'appelle Claire.

– Enchanté Claire, moi c'est Tom.

– Enchanté Tom, gloussa-t-elle. A demain et passez une bonne soirée.

– Oui, merci, vous aussi Claire. A demain.

Leur idylle débuta dès le lendemain. Claire avait, contre toute attente et à sa grande surprise, entravé toutes ses règles et convictions les plus profondes. Elle s'était donnée à lui dès le premier soir, non sans avoir vérifié cependant, qu'il ne portait pas d'alliance. Et bien qu'elle ne soit pas naïve au point de ne pas être consciente que l'absence d'un tel bijou ne signifiait pas nécessairement qu'il ne soit pas lié, elle n'avait tout bonnement pas pu résister à cet homme si charismatique. En plus d'être très beau, il s'était révélé, tout au long de la soirée, intelligent et très cultivé, mais surtout, *last but not least*, bourré d'humour vrai, sans la moindre once de sarcasme ou de cynisme. En bref, il était tout simplement captivant. D'ordinaire plutôt timide et réservée, elle s'était sentie immédiatement en confiance avec lui. Tant et si bien qu'elle s'était confiée à lui tant au sens propre qu'au sens figuré. Peut-être était-ce l'expression de ses yeux noisette dans lesquels apparaissaient, en fonction de la luminosité, comme des pépites d'or qui lui conféraient un petit air espiègle de chérubin, qui l'avait fait craquer au point de se glisser dans son lit dès le premier rendez-vous. Tom devait malheureusement reprendre l'avion le lendemain, en fin d'après-midi, pour rentrer à Luxembourg où le devoir l'appelait. Désireux de profiter au maximum des derniers instants qui leur restaient avant de devoir se séparer, Claire avait appelé à son bureau tôt le matin pour dire qu'elle ne se sentait pas très bien. Hazel, la réceptionniste, lui avait dit de ne pas s'en faire et de bien se reposer. Le malaise qu'elle avait éprouvé en mentant si effrontément avait cependant été vite oublié dans les bras de son amant. Affamés après leurs nombreux ébats, ils s'étaient fait monter deux *full english breakfast* dans la chambre qu'ils n'avaient finalement quittée qu'au moment où Tom, le cœur gros, avait dû grimper dans le taxi qui devait l'emmener au London City Airport. De son côté, Claire s'était dirigée en larmes vers la station métro la plus proche pour rentrer chez elle le plus rapidement possible. *Comment pouvait-on être si heureuse et si malheureuse à la fois ?*

Heureusement que la distance en temps de vol entre Londres et Luxembourg n'était que d'une heure vingt. *Quelle consolation !* Durant les quatre semaines de stage qui lui restaient à prester, ils s'étaient appelés chaque jour et s'étaient vus tous les week-ends. Elle s'était rendue au Luxembourg deux fois et Tom était venu la voir une fois. Contrairement à Londres, le Grand-Duché de Luxembourg était apparu à Claire comme un véritable petit havre de paix verdoyant et très propre, des caractéristiques qui, hormis l'absence de la mer, lui rappelaient sa ville natale. A l'approche du terme de son stage, son chef l'avait convoquée dans son bureau pour lui proposer un emploi fixe. Elle avait été très flattée, mais avait poliment décliné.

Durant toutes ces heures passées avec Tom à arpenter les plus beaux coins et sites de Luxembourg, ils avaient beaucoup discuté de leurs projets et de la façon dont ils envisageaient leur avenir. Il en était ressorti que ni l'un ni l'autre n'imaginait plus vivre séparé l'un de l'autre. Terminé l'amour à temps partiel et la vie de couple limitée aux week-ends. Bonjour la vie de couple à temps plein ! En même temps, ils avaient très peur de l'échec. Ayant chacun des parents divorcés, ils avaient jusqu'ici toujours retardé le moment de s'engager dans une relation stable avec autrui. Or, au cours de leurs nombreuses discussions, ils avaient eu tout loisir de réaliser qu'ils se ressemblaient beaucoup, tant sur le plan moral que mental. Ils cultivaient, par exemple, une passion commune pour tout ce qui avait trait à la Grande Bretagne : les voitures, les jardins, l'architecture, la décoration ainsi que certains mets aussi typiques qu'incontournables de la gastronomie britannique. Tout ça avait nécessairement contribué à ce qu'ils aient, pour une fois, tous les deux, envie de sauter le pas et de s'essayer à vivre ensemble.

Durant ses derniers jours à Londres, Claire s'était mise, via différents sites d'entreprises et d'offres d'emploi recommandés par Tom, en quête d'un travail à Luxembourg. Son background ainsi que ses compétences linguistiques lui avaient valu d'obtenir rapidement, sur un marché du travail alors encore en pleine expansion, quelques entretiens et de décrocher, au bout du troisième, un poste d'analyste financier dans une célèbre banque d'investissement de la place. Parallèlement, il leur avait fallu trouver un nouveau logement, celui de Tom étant un petit peu étroit pour deux, bien qu'extrêmement bien situé par rapport à leurs lieux de travail respectifs. La chance leur avait une nouvelle fois souri. Veuve depuis quelques années, la grand-mère paternelle de Tom ne supportait plus de monter et descendre plusieurs fois par jour, les escaliers de sa demeure située dans le quartier résidentiel très prisé du Limpertsberg, au nord de « Ville-Haute Centre » de la capitale luxembourgeoise. Elle avait ainsi décidé de quitter et vendre sa maison pour emménager dans une suite de la Fondation Pescatore, un centre intégré pour personnes âgées fortunées, au sein duquel elle espérait nouer des liens amicaux avec d'autres seniors et surtout pouvoir se reposer et se laisser dorloter le restant de ses vieux jours. Elle, qui avait passé de longues années de sa vie à servir les autres, comptait bien profiter des dernières années qui lui restaient. Tom qui, quant à lui, avait toujours adoré cette maison dans laquelle il avait séjourné à maintes reprises durant son enfance ainsi que son adolescence, n'eut pas trop de mal à convaincre Claire que c'était pour eux la maison idéale, qui plus est, sise à seulement quelques pâtés de maison de leur lieu de travail à tous les deux.

D'emblée conquise par l'architecture qui lui rappelait indubitablement celle des petites villas et maisons de maître de Knokke, Claire avait joyeusement approuvé. Certes, il leur avait fallu contracter un prêt pour racheter la maison et indemniser les enfants héritiers. De même, il leur avait fallu procéder à quelques rénovations, notamment, remplacer la chaudière ainsi que les meubles de la cuisine, retapisser et donner quelques coups de peinture ici et là. Mais rien de fondamental, en tout cas rien qui ne leur fasse regretter leur choix. Le résultat obtenu était très réussi : en parfaite harmonie avec leurs goûts et styles, tout en s'attachant à préserver l'âme et l'authenticité des lieux.

A présent que leur nid douillet était achevé, tout était en place pour que Claire et Tom filent ensemble le parfait bonheur.

PARTIE 1

1

Limpertsberg, lundi 6 janvier 2003

7:00 du matin. Claire, assise sur la banquette en bois de la cuisine, sirotait tranquillement son mug de café noir fumant, tout en contemplant rêveusement Mimi, une croisée siamoise qui, installée à côté d'elle s'adonnait ardemment à sa toilette matinale. La vue de ce spectacle avait sur Claire un effet apaisant, un brin similaire à celui qu'elle atteignait lors de ses séances de yoga. Des séances qu'elle avait malheureusement considérablement délaissées au cours des dernières années tant l'augmentation quasi incessante de ses responsabilités professionnelles l'acculait. Là-haut, au premier étage, le bruit de l'eau de la douche réglée à pleine puissance venait de cesser. Tom n'allait pas tarder à descendre pour se resservir du café. Ensuite, ils remonteraient ensemble à l'étage et s'habilleraient ou plutôt se déguiseraient, comme se plaisait à le répéter Tom, pour aller bosser. Plongée dans ses pensées, le regard toujours rivé sur Mimi, Claire n'entendit pas Tom arriver et sursauta lorsqu'il lui lança tout sourire, vêtu de sa seule serviette de bain :

– All Guddes kleng Miss[3]! Ça fait aujourd'hui trois ans jour pour jour, que nous nous sommes rencontrés !

Elle sourit à son tour.

---

[3] Meilleurs vœux petite demoiselle

– Décidément, tu es vraiment parfait. Tu n'oublies jamais aucune date. C'est hallucinant et tellement rare chez vous les hommes.

– Tu oublies ma chère que je ne suis pas n'importe quel homme, railla-t-il, en la gratifiant d'un clin d'œil mutin.

– Tu as raison, lança Claire, tout en secouant la tête d'un air narquois. Comment pourrais-je oublier ? J'ai vraiment de la chance.

– Oui, je trouve aussi.

– En tout cas, ce n'est pas la modestie qui t'étouffe à ce que je vois, dit-elle, en posant ses deux poings sur ses hanches.

– Non, et d'ailleurs pourquoi ? Tu l'as dit toi-même, non, que j'étais parfait ?

Il se pencha ensuite vers elle et lui déposa un baiser rapide et trop chaste au goût de Claire, mais elle savait pertinemment bien qu'il aurait préféré, lui aussi retourner se blottir avec elle sous la couette pour la journée. La laissant sur sa faim, il se dirigea vers la cafetière pour remplir son mug. A peine le rush des fêtes de fin d'année était-il terminé – avec son lot de meetings, de repas d'affaires et de soirées festives – qu'il fallait, à présent faire front à la traditionnelle période des vœux, communément marquée par une succession de cocktails et buffets dînatoires auxquels ni l'un ni l'autre ne pouvait déroger.

Tout en rajoutant du lait à son café, Tom demanda :

– Que veux-tu qu'on fasse ce soir pour fêter nos trois ans de vie commune ? On pourrait aller au resto, non ?

Claire n'aimait plus trop sortir dîner en semaine. Exténuée la plupart du temps lorsqu'elle quittait le boulot, elle préférait ne plus rien planifier en soirée qui n'ait à voir directement avec ce dernier. Rentrant, qui plus est, chaque soir de plus en plus tard, avec en général dans sa mallette encore l'un ou l'autre dossier à examiner ou à clôturer après le souper, elle privilégiait désormais les vendredis ou samedis soir pour les dîners romantiques à l'extérieur.

– Et si j'allais plutôt chercher quelques alléchantes victuailles chez Oberweis[4]. On les dégusterait confortablement installés sur le canapé autour d'un excellent crémant Clos des Rochers et devant un bon DVD. Qu'en dis-tu ?

– Tip top, ça marche ! Puis en regardant l'ancienne horloge suspendue au-dessus de la porte de la cuisine, il s'exclama :

– Oups, on n'est pas en avance. Il faut qu'on se dépêche d'aller se déguiser si on ne veut pas arriver trop tard au bureau. Sans plus attendre, il donna une petite tape sur les fesses de sa compagne, tourna les talons et s'élança vers l'escalier qu'il grimpa quatre à quatre.

Comment parvenait-il à ne pas trébucher et surtout à ne pas renverser une goutte de café sur les marches ? se demanda Claire qui, de son côté, le suivit en traînant la patte.

---

[4] Incontournable, Oberweis est le traiteur invétéré et préféré d'une grosse majorité de Luxembourgeois.

Comme chaque jour, elle s'interrogeait sur ce qu'elle allait bien pouvoir se mettre sur le dos. A ses débuts, à Londres, elle avait adoré le look *business chic* et les talons hauts. Mais depuis qu'elle évoluait à Luxembourg – avec un horaire de travail journalier de dix heures par jour minimum, soit une durée hebdomadaire oscillant entre 48 et 52 heures – elle privilégiait désormais les pantalons amples et mocassins ou ballerines. Bref un code plus décontracté, que ses amis anglo-saxons désignaient de *business casual* ou bien encore de *casual chic*. Une alternative plus confortable et surtout bien plus soutenable lorsque les heures passées assise, le regard vissé sur un écran, se prolongeaient au point que muscles et articulations soient totalement figés et provoquent des douleurs diffuses dans tout son corps. S'habiller tous les matins pour aller travailler était devenu un calvaire. Arborer chaque jour une tenue à la fois impeccable et confortable, qui plus est différente de celle portée la veille, relevait d'un véritable casse-tête dont elle se serait bien passée. Et pourtant Dieu sait à quel point, autrefois, elle avait adoré dévaliser les boutiques de vêtements, chaussures et autres accessoires.

Par ailleurs, le dicton comme quoi « l'habit ne fait pas le moine », ne s'appliquait décidément pas dans son secteur d'activité ni dans son pays d'accueil et encore moins de toute manière à la gent féminine. Ainsi, nombre de ses collègues y appartenant revenaient, au moins une fois par semaine d'une de leurs pauses-déjeuner, bardées de sacs en papier glacé à l'effigie de grandes marques et exhibaient entre elles, dans une euphorie puérile, leurs dernières trouvailles. De façon tout à fait absurde, pour ne pas dire grotesque même, c'était le nom du designer qui importait et non pas la qualité du tissu ou de la coupe. Les grands noms du luxe et du prêt-à-porter étant ostensiblement perçus, par celles et ceux qui les arboraient, comme un gage de prestige et de distinction, pourvoyeur de respect et de reconnaissance. Deux paramètres majeurs, selon toute vraisemblance, dans la construction de son identité sociale. À tel point, parfois, que d'aucuns n'hésitaient pas à être sans cesse à découvert pourvu qu'ils et surtout elles soient à la pointe de la mode et des marques. Et bien que Claire ait commencé à trouver toute cette exorbitance de plus en plus futile, elle savait dans son for intérieur qu'elle ne pouvait y échapper tant qu'elle exercerait ce métier. Un métier où l'essentiel tournait autour du fric. Où performance, profit, rendement, productivité et compétitivité y étaient les maîtres mots et où les conditions sine qua non pour réussir étaient : efficacité, réactivité, flexibilité, fermeté, endurance et résistance au stress. S'ajoutait à cela une irrémédiable nécessité de posséder et de développer un large esprit concurrentiel.

Or, depuis cet après-midi-là, où, deux ans auparavant, elle avait assisté à l'effondrement des tours jumelles diffusé en direct sur le grand écran plasma fixé au mur en plein milieu de la salle des marchés, ses ambitions de carrière dans ce secteur s'étaient du même coup envolées en fumée. La vision de ces misérables employés brusquement et inexorablement pris au piège par les flammes et la fumée propagées à la vitesse de l'éclair, qui avaient préféré sauter dans le vide et finir broyés au sol, plutôt que de mourir asphyxiés et/ou brulés vif, l'avait marquée à tout jamais. À trente ans, elle aspirait désormais à travailler pour une institution œuvrant pour l'action humanitaire et sociale, un objectif ne nécessitant nullement une totale reconversion, mais bien un renversement de perspective. Mettre ses compétences en matière d'économie, d'analyse et de gestion financière au service de la collectivité. Donner du sens à ces longues heures passées au bureau en conciliant son activité professionnelle avec ce besoin de se sentir utile à la société. Telle était la voie qu'elle avait envie de poursuivre. En même temps, elle n'était pas sûre d'être prête à renoncer à tous ses privilèges, ni d'avoir l'énergie nécessaire pour se mettre à la recherche d'un nouvel emploi – parfaitement consciente du stress indéfectible qu'impliquait ordinairement tout processus de sélection.

Par ailleurs, ce ras-le-bol et cette insatisfaction qu'elle vivait depuis des mois au travail, n'était-ce pas dans le fond le prix à payer pour avoir tant de chance en amour ? Ne devrait-elle pas en outre avoir honte ? S'offrir le luxe de pouvoir s'interroger sur sa contribution envers la société, n'était-ce pas là essentiellement une préoccupation de petite bourgeoise ? Les ménages peinant à joindre les deux bouts avaient bien d'autres chats à fouetter que de se soucier de leur engagement social. Ce conflit intérieur qui tournait lentement mais sûrement à la répugnance pour son travail, n'était-il pas tout simplement un caprice de petite fille riche qui, tout à coup, était en quête de sens quant à son existence, ambitionnant subitement d'assouvir des valeurs morales et humanistes jusqu'alors ignorées ?

Tom l'arracha à ses réflexions matinales.

– 8:15, kleng Miss, il est grand temps d'y aller !

Un retour à la réalité, immédiatement édulcoré d'un baiser déposé dans le creux de la nuque de Claire qui le récompensa d'un large sourire, avant de refermer le placard – non sans avoir vérifié d'un œil critique sa tenue et son allure dans le miroir de ce dernier.

– Mmm…très joli ! la complimenta Tom.

Elle-même satisfaite, lui décocha un clin d'œil complice. Elle reconnaissait elle aussi que la coupe et le tissu fluide de son tailleur pantalon anthracite flattaient particulièrement bien sa silhouette longiligne et sportive.

Le reflet dans la glace lui renvoyait l'image d'une jeune femme dynamique et sûre d'elle, prête à attaquer une nouvelle journée marathon. Elle observa cependant, en réajustant sa frange, que ses cheveux avaient grandement besoin d'un coup de ciseaux et que son balayage nécessitait d'être rafraîchi, tandis que l'une ou l'autre séance UV lui égayerait un peu son teint tristounet – conséquence directe des longues heures coincées entre les quatre murs de son bureau. Elle, qui détestait l'effet masque, boudait totalement l'usage de fond de teint au profit des bancs solaires qui lui permettaient, en outre, de s'octroyer une petite sieste salvatrice d'une quinzaine de minutes, durant la plage midi. *Vendredi, j'irai vendredi*, se promit-elle.

– Allez, allez, lança Tom en frappant des mains. Il faut vraiment qu'on y aille maintenant !

– Pfff... oui malheureusement, acquiesça-t-elle en faisant la moue, avant de le suivre les épaules voûtées dans l'escalier, en bas duquel ils enfilèrent chacun un imper, attrapèrent parapluies et mallettes et sortirent précipitamment de la maison.

Dehors, il pleuvait des cordes. Claire avait un peu plus de trajet que Tom. Arrivés devant le building où travaillait Tom à 8:30 précises, ils se firent rapidement un smack et se souhaitèrent une bonne journée. Claire parcourut ensuite le reste de son chemin en courant, tant la pluie s'était intensifiée.

Devant la porte d'entrée du bâtiment, elle secoua vivement son parapluie puis s'engouffra dans le corridor où Saskia la réceptionniste lui annonça tout de go de sa voix mielleuse :

– Salut Claire, Romain vient d'appeler. Il a une gastro et ne viendra pas aujourd'hui.

– Bonjour aussi Saskia et merci pour l'info !

Sans plus attendre, Claire rejoignit son bureau à grandes enjambées et dut se maîtriser avec force pour ne pas claquer la porte derrière elle d'un bon coup de talon. *Gastro ! Mon œil*, bougonna-t-elle. Comme d'habitude, son cher collègue célibataire avait dû faire la bringue tout le week-end. Et soit n'était-il pas parvenu à se lever, soit n'avait-il même pas eu l'intention de le faire – se contentant dès lors de régler l'alarme de son réveil juste un peu avant l'heure à laquelle elle était censée arriver pour être sûr de tomber sur Saskia plutôt que sur elle, pour prévenir de son absence. Ainsi, s'exemptait-il de tout sarcasme de la part de Claire qui, il le savait, n'était pas dupe. Accrochant rageusement son imper au porte-manteau, elle alluma l'écran de son PC. Ce type de comportement l'exaspérait au plus haut point, elle qui n'avait jamais d'autres absences que celles liées à ses voyages professionnels et à ses vacances annuelles. La conscience professionnelle dans cette boîte n'était décidément pas une vertu donnée à beaucoup de monde.

Nombre de ses collègues recouraient aux arrêts maladie en particulier les lundis, mais pas seulement. Beaucoup usaient également de cestratagème quand, par exemple, ils ne maîtrisaient pas bien un dossier qui leur avait été confié. Ils espéraient ainsi le voir atterrir dans les mains d'un ou d'une autre collègue. Pour d'autres, c'était bien souvent aussi un moyen de ne pas subir de frais de garde supplémentaires en cas de maladie d'un de leurs enfants ou lorsque ces derniers bénéficiaient d'un jour férié d'usage, appliqués dans les écoles, mais non observés dans le secteur privé. *Mais, qui était-elle pour juger bien-sûr ? Puis, à quoi bon s'insurger de ce genre d'agissement, certes révoltant, mais inévitable ?* Cela ne faisait que l'ensevelir davantage dans ce négativisme qu'elle exécrait, mais dans lequel elle était entrée depuis quelques temps et dont elle semblait ne plus pouvoir s'affranchir.

Alors qu'elle cliquait sur l'icône Outlook pour vérifier son planning ainsi que celui de Romain, elle se sermonna : *Allez stop maintenant ! Cesse de te répandre en lamentations, ma grande ! Cela ne t'avancera pas et de toute manière tu n'as vraiment pas le temps !* Elle poussa toutefois un soupir de soulagement en découvrant que fort heureusement – à l'exception d'une réunion à 14:30 – l'agenda de son collègue était vide. Elle saisit aussitôt le combiné du téléphone à gauche de son clavier et appuya sur la touche « Réception ».

– Allô, Saskia Kiewitz à l'appareil.

Bah, qu'est-ce qu'elle avait à prendre cette voix sucrée ? N'avait-elle pas reconnu le nom qui s'affichait sur le display de son téléphone ?

– Oui, Saskia, c'est moi Claire.

Le changement dans la voix fut immédiat. Le ton était à la fois hésitant et sensiblement empreint d'ennui.

– Oui, Claire ?

– Peux-tu, s'il te plaît, appeler immédiatement RSF-Corp. ? D'après l'agenda de Romain, ils avaient rendez-vous avec lui cet après-midi à 14:30. Or, je n'ai quant à moi absolument pas le temps de les recevoir. Peux-tu donc les prévenir que Romain est absent aujourd'hui et les prier d'accepter de bien vouloir reporter ce meeting à une date ultérieure ?

– Euh… oui bien sûr. Est-ce que tu aurais éventuellement un numéro où les joindre ?

– Non, désolée. Mais j'imagine qu'en tapant le nom de la boîte dans Google tu devrais trouver.

Claire raccrocha sans attendre la réponse et se délecta intérieurement en pensant à la mine dépitée que devait afficher en ce moment même la belle Saskia. Dès qu'on lui demandait d'exécuter une autre tâche que celle d'être assise à longueur de journée derrière son écran, occupée à téléphoner à des amis ou à des membres de sa famille, ou bien encore à se faire les ongles ou à surfer sur le net à la recherche d'une destination exotique pour ses prochaines vacances, c'était une tragédie. Elle était l'incarnation même de la poupée Barbie qui adorait faire le paon et jouer aux greluches devant la gent masculine qui, de façon pitoyable, se laissait majoritairement prendre à ses artifices. Tandis que la gent féminine ne voyait en elle, rien de moins, que la personnification parfaite de la nunuche de service, payée à ne rien faire.

A peine saisi le premier dossier tout en haut de la pile, Claire sursauta en entendant tinter le téléphone. *Tiens-donc ! La nunuche...*

– Oui Saskia, alors, tu as su les joindre ?

– Oui et ils sont toujours en ligne. Ils demandent si toi, tu ne pourrais pas les recevoir aujourd'hui ?

Aaarrrggghhh !!! Claire dut se faire violence pour ne pas hurler et contenir le ton de sa voix.

– Je regrette Saskia, mais il n'en est pas question ! Comme je te l'ai dit, je n'ai vraiment pas le temps !

– Oui mais, je crains qu'ils n'insistent !

– Eh bien, qu'ils insistent, mais moi je ne peux pas, un point c'est tout ! Je suis sûre que tu vas arriver à leur faire accepter de postposer le rendez-vous. Laisse parler ton imagination. Après tout, ça fait partie de tes attributions. Invente ce que tu veux, mais moi je ne veux pas les voir cet après-midi et je te serais également reconnaissante de ne pas me rappeler à ce sujet. Me suis-je bien fait comprendre ?

– Euh…, oui, Claire, balbutia Saskia visiblement au bord des larmes.

De son côté Claire, qui venait de claquer le combiné sur son support, tenta de se replonger dans son travail et pria intérieurement pour qu'on ne la dérange plus. Le front caché entre ses mains, elle essayait de se concentrer sur son dossier tout en exprimant en silence sa frustration. *Non, non et non*, elle n'estimait pas avoir été trop dure envers Saskia. *Cette cruche qui, tous les jours, venait se vautrer au chaud derrière un écran et un téléphone qu'elle utilisait à des fins essentiellement privées et tout ça aux frais de la princesse bien entendu, n'avait qu'à se remuer un petit peu. Qu'elle se débrouille ! Mais qu'elle ne s'avise surtout plus de me rappeler pour ça !*

Un bref coup d'œil à l'horloge de son PC indiqua à Claire qu'il était déjà près de 10:00. Elle allait très certainement devoir sauter une nouvelle fois sa pause-déjeuner. *Qu'à cela ne tienne !* Après tout, du moment qu'elle parvenait à quitter le bureau plus tôt ce soir pour se procurer quelques délicatesses aussi savoureuses que somptueuses chez Oberweis, peu lui importait de sacrifier une énième fois son déjeuner. *Mmm*, rien que d'y penser, elle en avait l'eau à la bouche. Peut-être réussirait-elle même à rentrer avant Tom et à prendre une douche afin d'être toute belle et fraîche pour l'accueillir. Et pourquoi pas vêtue de ce magnifique déshabillé en satin noir, déniché quelques semaines auparavant au cours d'une de ses rares virées shopping qu'elle avait faite sur le temps de midi. Rien n'était moins sûr cependant. Cela allait dépendre de son état de fatigue après cette journée. Encore un petit coup d'œil à l'horloge affichée à droite en bas de son écran. *Aaarrrggghhh !!!* Il était 10:45. *Allez, Claire, concentre-toi ! Sinon, tu peux d'ores et déjà dire adieu à ton souhait de quitter ce soir à une heure décente !* Curieusement, son attention ne fut plus détournée de son objectif du jour, à savoir réussir à clôturer deux dossiers en cours et, si possible, arriver à en attaquer un nouveau.

***

Tom, qui pour une fois n'avait ni lunch d'affaires, ni de rendez-vous avec Fred, son ami d'enfance avec lequel il allait déjeuner régulièrement, flânait devant les vitrines des magasins de la Grand-Rue. La pluie avait enfin cessé de tomber et il s'était mis en tête de trouver un présent à offrir le soir même à Claire. Il n'avait pas encore d'idée précise. Néanmoins, il voulait absolument que ce soit quelque chose qui lui signifie expressément à quel point il tenait à elle. Jusqu'ici, il lui avait déjà offert la panoplie des standards : fleurs, parfums, foulards, sacs, livres de voyage et l'année précédente pour Noël, il avait par le biais d'une scintillante parure Swarovski, commencé les bijoux. Il était peut-être temps de passer à un objet plus personnel. Le souvenir d'une conversation avec sa mère lui revint subitement à l'esprit. Celle-ci lui avait confié un jour que, pour une femme, recevoir une bague de l'homme qu'elle aime, est emblématique de l'attachement véritable qu'il lui voue. *Yesss*, jubila-t-il intérieurement. C'était donc une bague qu'il lui fallait pour ce soir. Arrivé devant la boutique pour hommes Munhowen, Tom n'avait toujours rien repéré de bien enthousiasmant parmi les vitrines des bijoutiers implantés de longue date.

Trop classique au goût de Claire qui privilégiait les créations contemporaines en argent ou or blanc.

Il descendit alors la rue des Capucins en direction de la Place d'Armes et s'engagea dans la rue Chimay. Et là, tout à coup, en vitrine d'une minuscule boutique biscornue, qui lui rappelait les maisons de lutins dans les contes pour enfants, son regard fut attiré par le reflet scintillant d'un anneau en argent exposé parmi d'autres, sur un plateau recouvert de velours noir, intercalé entre chapeaux, sacs et chaussures. Il s'approcha plus près et fut immédiatement emballé par le design particulièrement original de l'anneau. D'une certaine largeur, celui-ci était finement strié telle une feuille d'aluminium froissée, ce qui lui conférait une blancheur nacrée. C'était exactement ce qui lui fallait ! Il ouvrit la porte dans un bruit sonore de carillon et aussitôt une femme entre deux âges apparut.

– Bonjour Monsieur, puis-je vous renseigner ?

– Bonjour. Oui, dans votre vitrine, il y a une bague en argent que j'aimerais bien voir de plus près.

– Mais certainement, Monsieur.

La commerçante fit coulisser le rideau de la vitrine et sortit précautionneusement le présentoir en velours noir et le déposa sur le comptoir.

– Voilà, laquelle est-ce ?

Tom s'avança et pointa du doigt.

– Celle-ci ! Puis-je la prendre en main ?

– Mais bien sûr Monsieur ! Je vous en prie.

Il saisit l'anneau et fut vivement surpris par son poids, ce qui n'échappa pas à la sagacité de la commerçante qui spécifia au même instant :

– C'est de l'argent massif. Il s'agit d'une pièce unique réalisée par un jeune créateur espagnol.

– Hm, intéressant ! C'est vrai, qu'elle est vraiment spéciale, reconnut-il en observant chaque strie.

– Oui c'est en effet, très à part.

Quelques fractions de secondes plus tard, Tom s'exclama :

– Je la prends.

– Euh, j'imagine que c'est pour offrir, s'enquit alors la commerçante.

– Oui, je vous rassure, ce n'est pas pour moi, sourit Tom en lui lançant un regard goguenard.

– D'accord, mais connaissez-vous le tour de doigt de celle à qui vous voulez l'offrir ?

Mince, il n'avait pas pensé à cela. *Quel amateur il faisait quand-même !*

Voyant la mine déconfite de Tom, la commerçante s'empressa de le rassurer.

– Ne vous tracassez-pas ! C'est la première fois que vous lui offrez une bague, hein ? Quand on n'a pas l'habitude, c'est on ne peut plus normal de ne pas penser à ce genre de choses, vous savez.

– Oui, mais qu'est-ce que je peux faire maintenant ? Je voulais à tout prix la lui offrir ce soir.

– Eh bien, voilà ce que je vous propose. Je vous l'emballe et je vous fais un bon d'échange au cas où celle-ci ne conviendrait pas. Je suis sûre qu'elle trouvera son bonheur de toute manière. Venez, suivez-moi ! lança-t-elle en l'invitant à le suivre à travers un corridor étroit qui déboucha sur une pièce regorgeant de vêtements, chaussures et sacs avec au centre un ilot en verre contenant une pléiade de bijoux en argent.

– Vous voyez ?

Rasséréné, Tom poussa un soupir de soulagement.

– Oui, vous avez raison.

Ils se redirigèrent ensuite vers l'avant de la boutique où la commerçante s'affaira à l'emballage cadeau. Tom la regarda faire tout en espérant ardemment que l'anneau plairait à sa compagne et surtout qu'il serait parfaitement à la taille de son majeur droit qu'elle ornait toujours d'une bague.

En quittant la boutique, il dut se faire violence pour ne pas succomber à sa furieuse envie d'appeler Claire à son travail. Mais il savait pertinemment bien qu'elle était lourdement sollicitée ces temps-ci. A chaque fois qu'il lui avait passé un coup de fil au cours des dernières semaines durant l'heure de midi pour prendre de ses nouvelles, le ton de sa voix avait été las et ses réponses évasives. Combien de fois n'avait-il pas essayé de la persuader de lui faire prendre l'air, en lui proposant de venir le rejoindre pour une petite balade dans le parc municipal. Mais rien à faire ! Elle refusait systématiquement, prétextant incessamment qu'elle avait trop de dossiers en suspens.

– Mais il faut quand-même bien que tu te nourrisses ! Ce n'est pas en sautant les repas et en restant cloîtrée sans oxygène entre les quatre murs de ton bureau que tu avanceras mieux, lui avait-il fait remarquer, agacé, la semaine précédente, lors d'une de ses innombrables tentatives de lui faire faire une pause.

– Ecoute, Tom, avait-elle commencé en poussant un profond soupir. Je te suis très reconnaissante de t'inquiéter pour moi, mais crois-moi, je n'ai vraiment pas le choix. Gérard me tanne sans cesse avec les mêmes questions : alors Claire, ça va, tu avances bien ? Tu en es où avec le dossier un tel ? Tu pourrais rapidement me faire un exposé de l'état d'avancement des affaires en cours ? Tu peux passer dans mon bureau cinq minutes qu'on discute un peu de ta progression dans tel ou tel dossier ? Tout le temps, tu comprends ? S'apercevant de l'acidité avec laquelle elle avait prononcé cette dernière question, Claire s'était arrêtée un bref instant, s'était excusée, puis avait poursuivi d'un ton plus adouci. Il n'y a pas un jour où il me laisse travailler tranquillement. Excepté quand il est en congé, évidemment. Et même là, il continue à appeler et à envoyer des messages-réquisitoires à ses sous-fifres, via son BlackBerry.

– Oui, je sais, avait-il admis d'une voix ponctuée de commisération. Mais je pense néanmoins que tu te stresses trop et que tu es en train de t'engouffrer peu à peu dans un engrenage dont tu vas avoir du mal à sortir et qui, en plus à la longue, risque de te bousiller ta santé.

– Mais non, ne t'inquiète pas.

– Mais si, c'est quand-même normal que je m'inquiète enfin. Je vois bien que tu maigris à vue d'œil et que tu es une boule de nerfs à ton travail. Et le soir, quand tu es à la maison, tu as toujours la tête dans ton boulot.

– Oui, d'accord, reconnut-elle. Mais regarde les samedis par exemple. Tu ne peux pas dire que je pense au boulot, puisqu'on part quasi chaque fois explorer un des nombreux circuits pédestres sillonnant les plus beaux coins du pays. Et puis, il y a les vacances, non ?

– Oui, quand ton chef veut bien te laisser partir.

– C'est vrai, concéda-t-elle tristement.

– Tu sais, j'ai juste peur que tu sois en train de te rendre malade pour rien.

– Pour rien, peut-être, soupira-t-elle. Mais, j'ai tout de même un engagement vis-à-vis de mon patron et une réputation à défendre. Je suis consciente d'en faire probablement un peu trop mais, c'est plus fort que moi. Je n'arrive pas à faire autrement.

Et depuis cette conversation, à chaque fois que Tom essayait de la raisonner et de la freiner dans son surinvestissement au travail, elle se murait derrière l'archétype de la « conscience professionnelle », ce qui avait pour effet de clore net le sujet.

Tom ne pouvait toutefois s'empêcher d'avoir un mauvais pressentiment quant à l'avenir de Claire dans cette boîte ou plutôt quant à sa santé morale. Elle qui, jusque-là, avait rayonné et incarné la joie de vivre, lui apparaissait au fil des années et des mois qui s'étaient écoulés depuis son engagement dans cette entreprise, de plus en plus absente, de plus en plus soucieuse. Son corps tout comme son visage s'étaient amaigris. Son teint, d'ordinaire si frais, s'était affadi. Sa chevelure dorée était devenue terne et son beau regard noisette aux nuances d'émeraudes était assombri par des cernes attestant de son état de fatigue. Il avait la nette impression d'assister impuissant à sa décrépitude. Cela l'attristait autant que cela l'effrayait.

Lui aussi bien-sûr connaissait la pression et le stress dans son travail. Ces deux composantes faisaient partie intégrante du secteur de la finance. Néanmoins, il avait le sentiment de mieux savoir les gérer que Claire. Durant son temps libre, il parvenait à lâcher davantage prise et surtout à apprécier toutes les petites choses et instants de quiétude qu'offraient la vie. Ces moments passés en tête à tête avec Claire. Leurs randonnées vélo ou pédestres au bord de la Moselle à travers les Ardennes Luxembourgeoises ou bien encore dans la région du Mullerthal. Les dîners et sorties entre amis. Ses parties de golf avec ses collègues, les dimanches après-midi. Pour lui, à l'instar du fait qu'il fallait gagner son pain, il était absolument impératif de se prendre du bon temps également. S'octroyer des moments récréatifs pour garder le moral était fondamental. Or, ces dernières semaines, il fallait bien reconnaître que, de ce côté-là, Claire avait cessé toutes activités de loisirs et ce, y compris, les samedis.

Au lieu de cela, elle se retranchait de plus en plus derrière son travail pour esquiver toutes sortes d'invitations à la détente et à la convivialité émanant tant de la famille que des amis. Il voyait bien qu'elle s'enlisait dans le cercle vicieux du culte de l'urgence. Mais aussi longtemps qu'elle continuerait à se braquer dès qu'il abordait le sujet, rien ne s'arrangerait. *Arghhh,* râla-t-il. Si seulement, ils pouvaient rapidement prendre des vacances. Ils en avaient bien besoin tous les deux, mais Claire encore bien davantage. Il était indispensable qu'elle prenne du recul. Quant à lui, il aspirait éperdument à la retrouver, telle qu'elle était, lorsqu'ils s'étaient rencontrés devant ce sordide distributeur de boissons à Londres. Ces mois, ces semaines où ils avaient appris à se connaître. À se découvrir au sens propre comme au figuré. À goûter et à explorer chaque parcelle de leurs corps. À se promener main dans la main en affichant une mine stupide d'amoureux transis. Tout ça lui manquait terriblement ! Il était bien conscient que le feu ardent de la passion qu'ils s'étaient vouée les premiers mois, ne pouvait durer indéfiniment et que leurs jobs respectifs, très prenants, finiraient bien par atténuer leur frénésie sexuelle. Mais il savait aussi que, plus jamais, il n'aimerait une femme comme il l'aimait, elle. C'est pourquoi, il était vital qu'ils se retrouvent et qu'ils posent des congés au plus vite. Une petite escapade d'une semaine au moins, dès le mois de février et comprenant idéalement le jour de la Saint-Valentin, serait tout simplement parfait. Enchanté et fier de son idée, qu'il estimait géniale, ses lèvres s'étirèrent en un sourire rêveur. Il se réjouissait d'ores et déjà de voir la tête de Claire ce soir lorsqu'elle déballerait la petite pochette en velours contenant l'anneau et qu'il lui ferait part de son intention de l'emmener pour la Saint-Valentin en Cornouailles – leur contrée de prédilection, dans laquelle ils s'étaient déjà rendus trois fois.

2

Newquay, le même jour

5:00 p.m., Lili – de son vrai prénom Liliane – sauta immédiatement hors de son lit après avoir tapé sur le *buzzer* de son réveil d'un coup sec. La tête encore à moitié dans le brouillard, elle manqua de s'étaler de tout son long en chaussant ses Crocs. Elle se hâta ensuite vers sa minuscule salle de bains pour y prendre une douche rapide. Quatre minutes plus tard, elle essuya la buée du miroir, retira délicatement son bonnet de douche, puis s'appliqua une couche de mascara et un peu de gloss rosé sur les lèvres. Elle regagna ensuite le coin à dormir de son studio et revêtit son uniforme. Le réveil posé sur le tabouret qui lui servait de table de chevet affichait à présent 5:20. Elle était attendue à son boulot à 6:00. Or, il ne lui fallait pas plus de dix minutes de marche pour s'y rendre depuis son domicile. Elle avait donc encore une demi-heure devant elle, suffisamment de temps donc pour se faire une tasse de café instantané et s'en griller une petite. Elle mit de l'eau à bouillir et se saisit du paquet Vogue rangé au-dessus de sa petite étagère qui débordait de romans à l'eau de rose et de compilations CD *Kuschelrock*[5]. Elle ouvrit ensuite grand la fenêtre et alluma sa cigarette, tout en ignorant sa conscience qui lui rabâchait sans cesse que le tabac et la nicotine étaient du poison. Elle tira et expira lentement la fumée bleutée assise sur le rebord de la fenêtre et contempla, à travers la fente existante entre les toitures des deux cottages d'en face, les mouettes voler vers la mer. *Hm,*

---

[5] Les compilations CDs allemandes « Kuschelrock » - littéralement « Câlin Rock » - regroupent, comme son nom le suggère, des chansons et musiques célèbres principalement romantiques.

soupira-t-elle langoureusement. Elle appréciait tellement ces quelques minutes de tranquillité. D'ici une heure, elle cavalerait entre le passe-plat et la salle de restaurant où elle travaillait depuis cinq mois. Les deux premiers mois, août et septembre, avaient particulièrement été chauds tant en termes de températures que de réservations. Et bien que la belle saison soit terminée, les clients continuaient à affluer. Entre les vacances de mi-trimestre[6], et les festivités de fin d'année, le restaurant n'avait pas désempli. Cela dit, c'était aussi en réalité un des seuls qui offrait à la fois un cadre élégant et soigné ainsi qu'une cuisine saine et relativement raffinée. Le job de serveuse et ses horaires étaient éreintants, le salaire plutôt mince mais, les pourboires compensaient – en partie du moins – la rudesse du métier. De toute façon, elle ne regrettait pour rien au monde ni sa terre natale – le Grand-Duché de Luxembourg – ni le fast-food de Londres dans lequel elle avait travaillé les premières semaines de son arrivée en Grande-Bretagne. La seule chose positive qu'elle en gardait, c'était sa rencontre avec Kenny. Un surfeur fraîchement débarqué d'Australie qui était venu avaler un hamburger avant de prendre le premier bus à destination de Newquay le lendemain. Bronzé, les yeux bleu azur, le sourire *ultra brite* et les cheveux mi-longs méchés par l'association du soleil et de l'eau de mer, il incarnait le parfait cliché de son espèce. Il était apparu devant son comptoir vingt minutes avant la fermeture et lui avait proposé d'aller boire une bière après son service.

---

[6] En Grande-Bretagne, l'année scolaire à l'instar de chez nous, est divisée en trois trimestres, comprenant chacun des vacances mi-trimestre, dont les dates peuvent légèrement varier d'une école à l'autre. Mais, de façon générale, elles s'organisent comme suit : une semaine fin octobre, une semaine à la mi-février et une semaine fin mai début juin.

À la fois troublée et flattée, elle avait accepté sans réfléchir et s'était retrouvée une demi-heure plus tard attablée avec lui devant une pinte de Lager. Il lui avait alors confié ne pas avoir d'endroit où dormir et c'est tout naturellement qu'elle lui avait offert le gîte. Arrivés quelques heures et quelques pintes plus tard dans la chambre qu'elle louait à l'étage du pub en question, Kenny avait d'abord – en parfait gentleman – envisagé de dormir par terre dans son sac de couchage. Ses chastes intentions s'étaient toutefois rapidement envolées, laissant place à une offensive de charme à laquelle Lili n'avait pu, ni voulu résister. Au diable, les scrupules de petite sainte-nitouche, qu'elle n'avait, du reste, jamais été. À cette époque, son dernier rapport sexuel remontait à des mois. Depuis sa rupture abrupte avec Mike ! Un goujat avec qui elle était sortie neuf mois. Neuf mois au cours desquels il n'avait cessé de la tromper avec sa meilleure amie. Lorsqu'elle les avait surpris tous les deux se roulant une pelle dans la salle à manger de ses parents, tandis qu'elle s'était précipitée hors de la cuisine, un gratin de macaronis brûlants dans les mains, il s'en était fallu de peu qu'elle ne le leur jette en pleine figure. Jessica avait alors balbutié le fameux :

– Lili, je t'en prie, ce n'est pas ce que tu crois…

Ben voyons !

Quant à Mike, il était resté muet de stupeur. Folle de rage, elle était cependant parvenue à rester digne en contenant ses larmes de colère et en les sommant de décamper sans hurler. Ce qu'ils avaient fait chacun tête baissée. Elle s'était ensuite effondrée en larmes qu'elle avait laissé couler des heures durant, jusqu'à ce que ses parents reviennent de leur cours de danse de salon hebdomadaire qui se tenait au centre-ville. Elle leur avait tout raconté et expliqué qu'elle en avait marre de Luxembourg, marre de son boulot de petite secrétaire à la fiduciaire, marre des tronches renfrognées qu'elle côtoyait à longueur de journée. Qu'en réalité, depuis le jour où elle avait obtenu son BTS à l'ECG[7], elle avait toujours souhaité aller travailler un jour à Londres. Mais, qu'à cette époque, elle n'avait pas eu les moyens financiers nécessaires pour mettre son projet à exécution. Or, malgré son petit salaire de secrétaire, l'absence de frais de repas et de logement dont elle profitait en vivant chez eux, lui avait permis en six ans de mettre au final une belle petite somme de côté. Et la cruelle débâcle sentimentale qu'elle venait d'encaisser avait inexorablement ravivé son envie de prendre le large. C'était assurément le moment ou jamais ! Elle avait donc démissionné le lundi suivant et négocié avec son patron, la dispense de son préavis qui légalement aurait dû être de deux mois. Elle s'était ensuite rendue dans une agence de voyages pour réserver un aller simple en Eurostar à partir de Bruxelles-Midi. À partir de là, tout s'était enchaîné très vite. Elle était rentrée faire ses bagages avant de passer une bonne partie de sa dernière nuit dans sa chambre de jeune fille à ressasser les événements des derniers jours, les yeux rivés au plafond. Le lendemain au petit matin, elle avait pris sa douche, s'était soigneusement habillée, avait embrassé ses parents anéantis, puis était montée dans le taxi qui la déposa un quart d'heure plus tard devant l'entrée principale de la Gare de

---

[7] Ecole de Commerce et de Gestion

Luxembourg. A peine avait-elle posé ses pieds sur le sol londonien qu'elle s'était engouffrée avec tout son barda dans *l'Underground* où elle avait pris la *Piccadilly line* pour se rendre au « Centre Charles Péguy », situé à *Leicester Square* – dont elle avait curieusement entendu parler dans un reportage télévisé, quelques semaines auparavant. Cette association d'aide aux étrangers principalement francophones et désireux d'immigrer à Londres avait pour vocation de prodiguer tous les conseils et astuces nécessaires pour trouver rapidement un logement ainsi qu'un travail sur place.

Gagnée subitement par un sentiment de panique du fait de se retrouver livrée à elle-même dans une ville étrangère et craignant de voir ses économies fondre comme neige au soleil, elle avait inopinément accepté un poste de serveuse au Burger King situé à quelques centaines de mètres à peine du « Centre ». Elle n'avait pas mis longtemps à réaliser que la vraie vie à Londres n'était pas du tout comme elle se l'était imaginée. Le coût et la qualité de vie y étaient effroyables. À tel point qu'elle avait vite déchanté quant à un avenir définitif dans cette ville. Sa rencontre avec Kenny était ainsi arrivée à point nommé. Cette nuit-là, après leur premier rapport, il avait allumé une cigarette, puis lui avait parlé de l'Australie, de sa passion pour le surf et du mode de vie libertaire qui en découle. Elle l'avait écouté émerveillée, tout en réfléchissant à sa propre existence, qui en comparaison de celle de Kenny, lui semblait si creuse. Et c'était à cet instant précis qu'elle avait décidé de mettre les voiles et de partir avec lui le lendemain pour Newquay. Arrivés là-bas, ils avaient partagé durant quelques semaines une vieille camionnette

Volkswagen – aménagée en camping-car – avec un autre couple de surfeurs, lorsqu' un soir – tandis qu'ils étaient assis tous les quatre autour d'un feu de camp sur *Fistral Beach* – Kenny lui avait annoncé de but en blanc que lui et le couple de surfeurs allaient poursuivre leur périple en direction de Newgale – un autre paradis pour surfeurs, situé au sud-ouest du Pays de Galles.

À son regard et au ton de sa voix, elle avait compris qu'il comptait partir seul avec ses amis et que leur petite aventure s'arrêtait là. Une nouvelle claque certes, mais à laquelle elle s'était attendue, d'autant qu'il n'avait jamais caché que la liberté était pour lui une valeur suprême, la quintessence même de son existence. En ce sens, il ne lui avait jamais fait aucune promesse. Par conséquent, il ne lui devait rien. Leur histoire avait duré le temps qu'elle devait durer. Après tout, ils s'étaient bien amusés et grâce à lui, elle avait appris à se détacher des aléas de la vie. À relativiser et à adopter une nouvelle façon de penser. Désormais, elle vivait au jour le jour en se répétant que : tout avait toujours une raison, que tout n'était qu'impermanence et que, pour si peu qu'on ait foi en ces principes, tout venait à point à qui savait attendre. Alors comment aurait-elle pu en vouloir à Kenny dans ces conditions ? Au lieu de cela, elle lui avait souhaité bon voyage et de trouver de bonnes vagues.

Le rappel sonore sur son portable la ramena sur terre. 5:45 ! *Ouuuh*, s'exclama-t-elle. Il était temps de se mettre en route ! La soirée allait être longue et courte à la fois. D'un côté, elle aurait tellement de clients à servir qu'elle ne verrait pas le temps passer, tandis que de l'autre, à force de devoir courir entre les tables des heures durant, son dos et ses jambes ne seraient plus que courbatures à la fin du service.

3

Limpertsberg, au même moment.

18:15. Tom avait quitté son travail à 18:00 précises et s'était empressé de rentrer pour être présent quand le bouquet de lys qu'il avait commandé en rentrant au bureau après son petit périple rue Chimay serait livré. C'étaient les fleurs préférées de Claire. Elle disait toujours qu'elles lui rappelaient leurs séjours dans les hôtels en Cornouailles dont les halls de réception dégageaient les effluves entêtants, mais exquis. Au même moment où il accrocha son imper au porte manteau mural du corridor, il entendit une clé tourner dans la serrure de la porte d'entrée. Il ouvrit immédiatement la porte et découvrit Claire trempée jusqu'aux os, chargée de sachets.

— Fräck[8]! Komm schnell eran kleng Miss, du bass jo total nass[9], dit-t-il tout en la libérant de ses sachets, avant de s'écarter pour la laisser rentrer.

— Villmools Merci[10]! Bahhh, quel temps !

— Eh oui, que veux-tu ? On est en novembre. Et au Luxembourg, durant ce mois-là, il peut pleuvoir quasi non-stop les quatre semaines d'affilée !

— Godverdomme[11] ! Oui merci, j'avais remarqué depuis presque trois ans maintenant que j'habite ici, soupira-t-elle irritée.

---

[8] Juron luxembourgeois, que l'on pourrait traduire par « oh la vache »
[9] – Rentre vite, tu es totalement trempée.
[10] – Merci beaucoup !
[11] Juron flamand

– Oui et tu ne vas tout de même pas me faire croire qu'en Flandre, qui plus est à la Côte, le mois de novembre n'est pas aussi pourri qu'ici ?

– Eh bien, s'il est vrai qu'il peut pleuvoir aussi beaucoup là-bas à cette époque de l'année, il est bien rare, qu'il pleuve non-stop douze heures, que dis-je, vingt-quatre heures de suite, comme ici, rétorqua-t-elle en toisant la grosse flaque d'eau qui s'était formée sous ses pieds

– Oui, bon d'accord. N'empêche que, si tu t'étais octroyée un bol d'air ce midi, tu aurais constaté, qu'il ne pleuvait pas à ce moment-là.

– Ah non ! S'il te plaît, tu ne vas pas remettre ça sur le tapis, pas ce soir, je t'en prie.

– Tu as raison, opina-t-il repentant. Je me tais, mais fais-moi plaisir et monte vite prendre une bonne douche chaude avant de te choper un rhume. Je m'occupe du reste.

– Tu es un amour. Allez, j'y vais, dit-elle en lui faisant un smack avant de s'élancer dans l'escalier.

Tom rejoignit la cuisine, rangea le contenu des sachets dans le frigo puis s'empara d'une canette de Hoegaarden avant de le refermer. Claire lui avait fait goûter cette bière lors de leur premier séjour ensemble chez ses parents à Knokke. Assoiffés après une longue promenade sur la plage, ils s'étaient installés à la terrasse très ensoleillée et très fréquentée de la brasserie Rubens et sans lui demander son avis et avant même que le serveur ne leur ait donné la carte, Claire avait commandé deux blanches Hoegaarden. Interloqué, il l'avait dévisagée et s'était exclamé :

– Quoi ? Tu prends une bière ? C'est bien la première fois.

Sur quoi, elle lui avait répondu qu'elle n'en buvait que chez Rubens parce qu'elle y était servie à la pression et que, par conséquent, c'était là qu'elle était la meilleure. Il n'avait plus touché à une Bofferding depuis. Lui qui avait pourtant été un invétéré de la marque nationale, ne jurait plus désormais que par cette blanche en matière de bières. Il prit un verre à l'effigie de la marque dans l'armoire au-dessus de l'évier et y versa cérémonieusement le breuvage de manière à obtenir un beau chapeau de mousse. Il contempla son œuvre un bref instant puis y trempa ses lèvres avec délectation et en avala une bonne gorgée. *Mmm,* s'extasia-t-il. Et alors, qu'il s'apprêtait à prendre une seconde gorgée, le tintement strident de la sonnette retentit. Il reposa séance tenante son verre sur la table de la cuisine en en éclaboussant la surface. *Merde,* jura-t-il entre ses dents avant de se précipiter dans le couloir et d'attraper au passage un billet de cinq euros dans la boîte à clés posée sur la tablette, au-dessus du radiateur à côté de la porte d'entrée.

– Ech kommen[12], beugla-t-il avant d'ouvrir la porte et de se retrouver nez à nez avec un somptueux bouquet de lys.

– Gudden Owend Monsieur. Hei ass e Bouquet fir e gewësse Claire Van…[13]

---

[12] J'arrive !
[13] Bonsoir Monsieur. Voici un bouquet pour une certaine Claire Van…

– Jo, dir sidd hei richteg. Ech hunn deen bestallt[14], lui annonça Tom en empoignant le bouquet et en tendant le pourboire au jeune homme qui le gratifia d'un large sourire.

– Oh, merci villmools Monsieur an e schéinen Owend[15].

– Gläichfalls[16], répondit Tom et sans plus attendre referma la porte. Au même moment, il entendit Claire l'appeler :

– Toooom ? Qui était-ce ?

Il grimpa quatre à quatre les marches de l'escalier et rejoignit Claire qui se tenait debout au beau milieu de leur chambre, vêtue d'un confortable peignoir de bain fuchsia.

– Tada, claironna-t-il. Et voici pour vous, ma Chère !

Elle écarquilla les yeux en découvrant les fleurs.

– WAOUH ! Mais tu es complètement fou, s'esclaffa-t-elle tout en plongeant son nez dans le bouquet. *Mmm*, sens-moi ça, comme ça sent bon ! Ça sent l'Angleterre ! Qu'est-ce que ça me manque !

Tom saisit immédiatement la perche qu'elle venait de lui tendre et demanda :

– Justement, que dirais-tu de partir une semaine en février ? On pourrait fêter la Saint-Valentin là-bas. Le temps risque peut-être de ne pas être au rendez-vous. Mais qu'importe ! On n'aura qu'à rester sous la couette, les jours de mauvais temps.

---

[14] Oui, vous êtes au bon endroit. C'est moi qui l'ai commandé.
[15] Oh, merci beaucoup Monsieur et bonne soirée.
[16] Pareillement.

Elle détacha son nez des fleurs, se redressa et arqua un sourcil narquois.

– T'a-t-on déjà dit que tu étais un indécrottable romantique ?

– Ne pense surtout pas ça ! Mes intentions à ton égard sont loin d'être chastes, répondit-il en lui décochant un clin d'œil entendu.

– Hm, je me disais bien aussi, gloussa-t-elle en croisant ses bras devant sa poitrine tout en hochant la tête d'un air réprobateur.

– C'est ça, plains-toi ! lança-t-il en l'attirant à lui pour l'embrasser. Mais elle le repoussa doucement.

– Attention ! Tu vas les écraser, le gronda-t-elle gentiment, en pointant du menton, le bouquet qu'il tenait toujours en main.

Tom étouffa un juron.

– Bon et bien, il ne me reste plus qu'à leur trouver un vase, bougonna-t-il avant d'embrasser Claire sur le front et de se diriger vers la porte devant laquelle il se retourna et déclara : Tu ne perds rien pour attendre, ma Chère, puis sortit.

Claire éclata de rire puis ouvrit la garde-robe et resta plantée indécise devant son contenu durant de nombreuses minutes. Au lieu de mettre son beau déshabillé en satin tel qu'elle l'avait projeté au cours de ses considérations matinales, elle enfila un survêtement en velours anthracite de la ligne *homewear* de chez Hunkemöller – certes beaucoup moins sexy, mais tellement plus confortable et douillet. Devant le miroir de sa commode, elle rassembla ensuite ses cheveux en une queue basse et vaporisa à quelques centimètres au-dessus de sa tête un léger nuage d'eau de parfum Coco-Chanel. Cette fragrance réputée capiteuse devait être employée avec parcimonie. C'est pourquoi, tout comme sa mère, elle préférait éviter de la vaporiser directement sur sa peau. Ce procédé avait pour avantage de recouvrir subtilement ses vêtements, sa chevelure ainsi que les parcelles de peau exposées, tout en laissant ondoyer à chacun de ses mouvements un sillage oriental à la fois captivant, raffiné et légèrement sucré. Elle se passa ensuite une fine couche de baume à lèvres, puis descendit rejoindre Tom dans la cuisine.

Tom se tenait devant le plan de travail, le dos tourné affairé à disposer toasts et autres mignardises sur un grand plateau en inox. Son regard fut attiré par le bouquet de lys qui trônait à présent, sur la table de la salle à manger que l'on pouvait voir à travers une seconde porte ouverte en permanence, communicante avec l'espace living. À pas de loups, elle s'approcha de Tom concentré sur sa tâche, le saisit par la taille, se serra contre lui et su jucha sur la pointe des pieds pour lui déposer un baiser dans le creux de la nuque. Il ne sursauta même pas.

– Ah, te voilà. On va pouvoir ouvrir le crémant.

– Hm, quelle bonne idée, susurra-t-elle en lui mordillant délicatement le lobe de l'oreille. Je m'occupe des coupes.

Tom s'essuya les mains sur un torchon, sortit la bouteille du *freezer*, la déposa sur le socle de l'évier, puis défit le muselet. Claire sourit en entendant le bruit à la fois sec et sourd du bouchon sauter. La vision et le grésillement du liquide se déversant dans les flûtes était pour elle un spectacle dont elle ne pouvait se lasser.

– A toi, kleng Miss, dit Tom en lui tendant sa coupe.

– A nous ! répondit-elle en choquant son verre contre celui de Tom.

Chacun but ensuite une petite gorgée tout en prenant bien le temps de savourer le crépitement de chaque bulle sur la langue avant de les laisser s'évanouir et s'écouler lentement dans leurs gosiers.

– Mmm, s'extasièrent-ils à l'unisson. Il n'y a vraiment rien de meilleur non ? renchérit Claire, le regard pétillant, comme si les bulles de crémant étaient parvenues à ses iris.

Tom sourit. C'était bon de la voir ainsi. Guillerette et enjouée. Aussi, jugea-t-il, que c'était le bon moment pour lui donner son cadeau. À la fois anxieux et excité, il glissa sa main dans la poche avant droite de son jean et en sortit le minuscule paquet en forme de berlingot. Intriguée, Claire le dévisagea.

– Qu'est-ce que c'est ? s'exclama-t-elle en scrutant l'étiquette collée sur le flot, tandis qu'un voile de désarroi traversait son regard. Et moi qui n'ai rien à t'offrir. Je suis arrivée juste vingt minutes avant la fermeture d'Oberweis et en en sortant, tous les autres magasins étaient déjà fermés. Je suis vraiment désolée, regretta-t-elle en affaissant ses épaules, comme si le monde entier s'était écroulé.

– Mais arrête, voyons ! la réprimanda-t-il. Je n'ai besoin de rien. Et puis d'ailleurs, ce n'était pas planifié. J'ai flashé sur ceci durant ma pause midi et je n'ai pas pu résister à l'envie de te l'offrir. C'est aussi simple que ça.

– Oui, d'accord, mais tu me gâtes beaucoup trop, rétorqua-t-elle, chagrinée.

– Ah, ça non alors, objecta-t-il. Je dirais même que je ne te gâte pas assez pour avoir déjà réussi à me supporter trois ans.

– Oh tais-toi ! gloussa Claire, en lui donnant une petite tape sur le biceps. Tu dis vraiment n'importe quoi ! Tu sais bien que t'es le meilleur ! Le gendre rêvé pour toutes les belles-mères.

– Hm, continue, railla-t-il en arborant un air suffisant.

– Oh espèce de goujat, rétorqua-t-elle en lui tirant la langue. J'ai compris. En fait, tu ne dis ces choses, que pour qu'on te flatte, hein ? Tu devrais avoir honte, na ! le gronda-t-elle en pointant son index sur sa poitrine.

– Allez… Komm, gëff mer e Kuss[17], susurra-t-il en entourant la taille de Claire et en retroussant ses lèvres d'un air implorant.

– Taratata ! Guer näischt ![18] riposta-t-elle hilare avant de céder et de l'embrasser à pleine bouche.

En trois ans de vie commune, elle avait appris quelques expressions luxembourgeoises. Et en tant que flamande, elle comprenait une grande partie de la langue. En revanche, elle ne savait toujours pas la parler. Ses horaires de travail

---

[17] Allez … Viens, donne-moi un baiser.
[18] Rien du tout !

cyclopéens l'avaient empêchée jusqu'ici de suivre un cours, mais elle ne désespérait pas d'y parvenir un jour.

– Alors ? fit Tom. Tu l'ouvres ce paquet ?

– Ok, mais pas avant que tu ne lises ceci, répondit Claire en lui tendant une enveloppe, sortie de sa manche. Elle n'avait peut-être pas eu le temps de lui acheter un petit présent, mais elle lui avait écrit un petit mot au cours de l'après-midi sur une des cartes pré-imprimées de la banque, que l'on envoyait habituellement aux clients en accompagnement de documents, ou en guise de remerciements, pour leur confiance témoignée dans un dossier.

Il fixa l'enveloppe d'un air attendri puis l'ouvrit. Au fur et à mesure qu'il lisait Claire nota une certaine émotion traverser le regard de son compagnon, ce qui la réjouit. Elle n'était peut-être pas douée pour dire à haute voix ce qu'elle ressentait, mais elle l'était manifestement pour le lui communiquer par écrit.

Elle retira ensuite le morceau de scotch supérieur du petit berlingot et le renversa dans la paume de sa main. Une mini bourse en velours rouge carmin contenant vraisemblablement un objet dur en tomba. Visiblement déconcertée, elle fixa Tom avec de grands yeux ronds.

– Eh bien vas-y ouvre, l'encouragea-t-il. Ça ne va pas te manger !

Mais les doigts de Claire s'étaient mis à trembler et elle avait du mal à défaire le nœud de ficelle. Lorsqu'elle y parvint enfin et qu'elle retourna le contenu de la petite pochette dans le creux de sa main, l'appréhension, qui avait semblé voiler son regard durant quelques secondes, disparut instantanément. Du pouce et de l'index, elle saisit le bijou et l'examina sous le lustre de la cuisine, un sourire ravi plaqué sur les lèvres. Tom, à qui le trouble de Claire – au moment où elle avait tâtonné le tissu, sourcils froncés – n'avait pas échappé, aurait pu jurer avoir lu une sorte de soulagement sur son visage lorsqu'elle avait découvert l'anneau. De quoi avait-elle eu peur ? Qu'avait-il bien pu se passer dans sa tête à ce moment-là ? Avait-elle craint qu'il ne s'agisse d'une bague de fiançailles ? Or, à moins, que la pièce n'ait été dénichée auprès d'un antiquaire ou d'un brocanteur, le bijou aurait assurément été présenté dans un bel écrin.

– Elle te plaît ?

Tout comme à son habitude, Claire fit instinctivement glisser l'anneau à son majeur droit sans aucune difficulté, puis agita sa main devant lui.

– Elle est superbe, répondit-elle sans quitter l'anneau des yeux. Très à part. Exclusive même. Bref, j'adore, admit-elle en passant les bras autour du coup de son compagnon pour le remercier d'un baiser. Mais où l'as-tu trouvée ?

– Aha ! Je n'ai pas pour habitude de dévoiler mes sources, surtout quand je projette d'y recourir à nouveau.

– Allez, s'il te plait, geignit-elle.

– Nee, nee, fit-il en secouant stoïquement sa tête de gauche à droite.

– D'accord, d'accord, j'ai compris ! Il va falloir que je te travaille au corps, hein ? C'est bien ça ? lança-t-elle en reculant d'un pas et en agrippant d'un geste éloquent la boucle de la ceinture de Tom.

– Tu as tout compris ! répondit-il en la considérant d'un regard lubrique.

– Bon eh bien, puis-je manger un petit quelque chose avant ? badina-t-elle, en dévorant des yeux le plateau de victuailles qui ornait la table de la cuisine.

– Absolument ! Je crève la dalle moi aussi d'ailleurs !

Claire empoigna aussitôt le plat et alla le déposer sur la table du salon tandis que Tom ramenait les flûtes, la bouteille de crémant enveloppée d'un refroidisseur en plastique et des serviettes en papier. Claire sortit les belles assiettes en porcelaine que leur avait laissées la grand-mère de Tom lorsqu'elle avait emménagé à la Fondation Pescatore, tandis que Tom glissait un DVD de la collection *Rosamunde Pilcher*[19] dans le lecteur. Aussitôt, apparurent sur un fond de musique de piano les premières images des côtes rocheuses et escarpées des Cornouailles. Heureux et sereins, ils levèrent leur coupe à l'unisson et les firent s'entrechoquer.

– Cheers, an e schéine Film[20] ! souhaita Tom en fixant Claire droit dans les yeux avant de l'embrasser, à la suite de quoi, tous deux s'employèrent à goûter un toast aux deux saumons.

---

[19] Du nom de l'auteur britannique Rosamunde Pilcher, dont la plupart des romans sont portés à l'écran, depuis le début des années 90 par la chaîne de télévision allemande, ZDF.
[20] Santé et bon film !

– Alors, tu ne m'as pas répondu quand je t'ai proposé de partir en Cornouailles au mois de février, remarqua Tom entre deux bouchées.

– Bien-sûr ce serait génial, répondit Claire en reprenant une gorgée de Crémant. Mais il faut que je voie avec Romain, poursuivit-elle en reposant son verre sur la table basse. En principe, ce devrait être ok, mais je ne pourrai te le confirmer que lorsque ce fainéant daignera réapparaître au bureau.

– Génial ! On en a bien besoin.

– Oh, que oui !

– Dès que tu me donnes ton feu vert, je réserve. Tu veux qu'on aille plutôt à *Mullion* ou à *St Ives* ?

– Euh, en fait, j'aimerais bien essayer le *Headland Hotel*. Tu sais ce magnifique hôtel qu'on aperçoit dans les films : *die Muschelsucher* et *Klippen der Liebe*[21]. Il m'a l'air tellement majestueux planté là, en solitaire tout en haut d'une falaise, non ?

– Oui, mais tu sais bien que dans les films, grâce à l'informatique, les scénaristes trichent la plupart du temps. Ils procèdent à d'innombrables collages et superpositions de plans de vue, histoire de faire apparaître des paysages idylliques qui ravissent les téléspectateurs sans pour autant correspondre à la réalité authentique des lieux. Souviens-toi du premier film de la série. Comment s'appelait-il déjà ?

---

[21] Les chercheurs de coquillages et falaises de l'amour (traduction littérale).

– *Stürmische Begegnung*[22]. »

– Exactement ! Tu te rappelles quand l'héroïne, incarnée par Sophie von Kessel, arrive en Cornouailles ? Elle passe la nuit à *St Ives* dans un petit Bed and Breakfast, *The Anchorage*. Le lendemain matin au réveil, lorsque la propriétaire lui apporte son petit déjeuner dans sa chambre, elle découvre une vue imprenable sur le port. Et quand nous y sommes allés en septembre dernier, on a bien vu que c'était tout à fait impossible. Ne te réjouis donc pas trop vite !

Claire se souvenait en effet de la déception qu'elle avait éprouvée, lorsqu'au coin d'une des ruelles de la partie haute de la ville, au-dessus du port, ils avaient découvert la petite auberge entourée de part et d'autre d'anciennes maisons de pêcheurs qui ne laissaient filtrer qu'un fragment du port de pêche.

– C'est vrai, reconnut Claire à contrecœur. Tu as raison. Ils auront là aussi probablement truqué les images. Néanmoins, ça nous permettra de découvrir une partie de la côte que nous n'avons pas encore explorée. Et puis de toute manière, l'important, c'est qu'on soit en vacances. Et en bord de mer, conclut-elle avec entrain.

– Tout-à-fait ! Je lancerai une recherche dans Google demain pour savoir où exactement se situe le *Headland Hotel*.

– Super ! Bon et maintenant, bon appétit ! dit-elle en jetant son dévolu sur un demi avocat farci aux crevettes.

---

[22] Rencontre tumultueuse.

– Gudde, gudden ![23]

Et tous deux se replongèrent dans la dégustation de leur plateau-télé festif, tout en poursuivant la visualisation du film.

---

[23] Alternative, pour souhaiter bon appétit.

4

Newquay, Harbour Café, au même moment

9:30 p.m. Le service battait son plein. Toutes les tables étaient occupées, y compris celles en terrasse, chose plutôt inhabituelle, début novembre. Ryan, le boss était dans son élément. Il faisait valser tout sourire additions, tickets VISA et MasterCard derrière son comptoir, tandis que le reste de son personnel était sous haute tension. Lili avait l'impression d'être en nage à courir comme ça entre les tables et prenait sur elle pour ne pas succomber à l'envie d'écraser le contenu de certaines assiettes sur le visage de quelques clients désagréables et impatients qui la hélaient à tout bout de champ. Elle abhorrait ces soirées salle comble où se déferlaient sur elle des ordres aboyés de toutes parts. Aussi bien de ses collègues en cuisine et en salle, que de son patron, Ryan, juché derrière son comptoir. Sans oublier les brimades et sarcasmes des clients qu'il fallait encaisser sans broncher. Ravaler sa fierté. Mettre son orgueil de côté. Faire bonne figure. Plaquer un sourire aimable et jovial en toutes circonstances. Et ce des heures durant. Tel était le lot de celles et ceux qui évoluaient dans le monde impitoyable et ingrat de la restauration. Mais à défaut d'autres perspectives dans un bled où le moteur essentiel de l'activité était le tourisme, elle pouvait encore s'estimer chanceuse par rapport à d'autres qui galéraient dans les clubs et snack-bars miteux du centre-ville, bondés durant les mois d'été et quasi-déserts le reste de l'année. Le *Harbour Café* était lui, bien fréquenté, quelle que soit la saison. Même si durant les mois d'hiver – de janvier à mars – il n'ouvrait plus que du jeudi soir au lundi midi, force était de constater que, durant ces jours-là, il tournait à plein régime. Ce qui permettait à Lili de régler ses factures au fur et à mesure qu'elles arrivaient. Et rien que ça, c'était déjà un luxe en soi, en plus de la veine d'habiter en bord de mer.

'Liliiii, what the fuck are you doing?'

Dans le brouhaha ambiant, elle n'avait pas entendu qu'elle avait été hélée à la table 6, occupée par cinq mâles grassouillets et déjà bien torchés. A présent, un des convives, au comble de l'impatience, venait d'appeler via son GSM la ligne fixe du restaurant pour demander à ce qu'on leur ramène une autre bouteille de vin. Autant dire que Ryan était furibard. Lili accourut vers le bar, mais déjà Ryan se dirigeait vers la table des clients une bouteille de rouge à la main. Le pied lourd, elle fit demi-tour et le rejoignit pour s'excuser.

'I'm so sorry', articula-t-elle, penaude.

Il la gratifia d'un regard noir.

'Well you can be. Now go on, if you don't want to be sacked in the next five minutes, Darling!'

Les cinq gros lards de la table 6 pouffèrent tous en même temps. Le visage de Lili se figea. Intérieurement, elle bouillonnait de rage et d'humiliation et sa main la démangeait de leur en coller une à chacun. Mais la nécessité de garder son job prit le dessus. Aussi se contenta-t-elle de déglutir et de retrousser ses lèvres en un sourire affable.

'Ok Boss.'

Depuis l'autre bout de la salle, elle vit Alison, sa seule collègue féminine, lui faire un clin d'œil complice qu'elle lui rendit, avant de reprendre sa course effrénée entre les tables. La pendule au-dessus du comptoir affichait maintenant 10:15 et la salle ne désemplissait toujours pas. Au loin, elle entendit une assiette se briser en mille morceaux et hurler le chef en cuisine. Un des commis allait très certainement en prendre pour son grade. Une heure plus tard, il ne restait plus que deux tables de quatre. Lili et Alison purent enfin souffler un peu. Ryan vint à leur rencontre.

'Ladies, that was a very tough evening. Now you can leave, Darren an me, we will finish the service.'

Les deux filles échangèrent un regard réjoui, défirent leur tablier et s'exclamèrent, simultanément :

'Many thanks! See you tomorrow!'

'See you tomorrow, Girls. Good night!'

'Good night'

Alison proposa de déposer Lili avec son scooter, mais celle-ci préférait rentrer en marchant. Il lui fallait bien ça pour décompresser et griller une Vogue bien méritée. Elle fit à nouveau fi de sa conscience qui la titillait à chaque fois qu'elle allumait une cigarette. Après tout, se consola-t-elle, elle ne fumait pas beaucoup, jamais plus de cinq par jour. En revanche, c'était aussi les plus difficiles à éliminer. Car, c'était celles du plaisir. Celles qu'elle associait avec des instants de relâchement, de bien-être, parfois même de jouissance – à l'instar de Kenny, juste après l'acte charnel.

Cela faisait près de deux mois qu'il était parti. De temps à autre, il lui envoyait un texto pour lui demander de ses nouvelles et la tenir au courant de son odyssée à travers tout le Royaume-Uni. Elle l'enviait autant qu'elle le plaignait. Ce côté aventurier si excitant mais si incertain à la fois n'était pas pour elle. Eh bien, qu'il lui manquait parfois, elle était tout aussi soulagée que leur petite histoire ait pris fin sans larmes ni fracas. Sans être particulièrement exigeante envers les hommes, Lili recherchait tout de même en eux une certaine stabilité. Tant sur le plan psychique que – et elle n'avait pas honte de l'admettre – financier. Avoir la sensation précieuse d'être protégée et en sécurité. Le physique était de moindre importance. Dans le genre « beaux mecs », elle avait déjà donné. Et surtout dégusté. Elle ne croyait plus au coup de foudre ou à l'amour fou. *Terminé !* Sa chère ex-meilleure amie l'en avait guérie à tout jamais. Depuis qu'elle avait quitté le Grand-Duché, Jessica n'avait cessé de lui envoyer des SMS d'excuses ni de lui exprimer ses regrets sur la messagerie vocale de son portable. Mais Lili n'avait donné suite ni cédé à aucune de ses implorations. Par colère et désir de châtier au début. Par embarras et désarroi maintenant. Elle n'avait en effet en aucun cas envie que Jessica ne soupçonne qu'elle était loin d'avoir trouvé l'eldorado ici en Grande-Bretagne. Et que depuis qu'elle y avait débarqué, elle galérait plus que ce qu'elle ne s'épanouissait. Même ses parents n'avaient aucune idée du guêpier dans lequel elle s'était fourrée en venant s'échouer à Newquay. Considéré comme étant un coin de paradis par la plupart des vacanciers, celui-ci s'avérait être pour les indigènes davantage un trou insalubre, rempli d'infâmes petits commerces, bars et friteries dont se dégageaient d'immondes odeurs qui, lorsqu'elles étaient mêlées aux effluves d'huile solaire et relents de transpiration, durant la haute saison, provoquaient hauts le cœur et nausées aux plus avertis. Les loyers étaient par ailleurs très élevés tandis que l'état des logements était de façon générale vétuste et miteux. Les hivers étaient plutôt rudes non pas en termes de conditions climatiques mais bien en termes d'animation. A partir du moment où l'invasion touristique prenait fin, les rues étaient comme évacuées de toute trace de vie humaine. Et pour si peu que l'on soit de nature mélancolique ou dépressive, cette atmosphère austère et moribonde pouvait se révéler excessivement pesante voire, dans le pire des cas, fatale. Heureusement qu'il y avait la mer, sans quoi, elle aurait déjà capitulé et serait rentrée tête basse chez ses parents. Dès qu'elle avait un moment de temps libre, Lili faisait de grandes promenades sur la plage le long de la côte rocheuse. L'air iodé qui lui fouettait le visage. Le jeu de lumières sur les falaises verdoyantes, orchestré par la mouvance des nuages autour du soleil. Le spectacle époustouflant des surfeurs qui par tous les temps enchaînaient pirouettes et autres acrobaties dans le creux des vagues. Autant d'instants magiques et de pure évasion qui lui faisaient temporairement oublier ses tracas et soucis quant à son avenir. À presque trente ans, elle n'en était toujours nulle part. N'avait ni mec, ni emploi stable, ni logement à elle ! Au lieu de cela, elle créchait dans un minuscule deux pièces. Et d'un côté comme de l'autre, elle n'entrevoyait aucun changement à court ou moyen terme. Sans pour autant être malheureuse, elle ne pouvait toutefois pas prétendre être heureuse non plus. Mais peut-être n'était-ce déjà pas si mal ? Après tout, elle était encore jeune et en bonne santé. Puis, qu'est-ce que le bonheur en définitive ? N'était-ce pas un état, un sentiment éphémère de toute manière ? Alors, à quoi bon chercher à tout prix quelque chose qui ne dure pas ? À trop vouloir être heureuse, ne se rendait-on pas malheureuse au final ? Pourquoi ne pas tout bonnement se contenter de ce qu'on avait et s'efforcer de saisir les opportunités d'avancer lorsque celles-ci se présentaient ? Prendre la vie comme elle venait, tout simplement ! Pourquoi se pourrir l'existence à coups d'objectifs et de normes ? Pour faire comme tout le monde ? Pour rentrer dans le moule ? Fallait-il fatalement être épouse, mère et salariée pour se réaliser en tant que femme ? Se sentirait-elle plus heureuse en assumant ce triple rôle ? Elle n'aurait su le dire. D'ailleurs, pour être franche, elle ne savait rien pour l'instant, si ce n'est, qu'elle éprouvait un grand vide. Un grand vide lié à ses incertitudes, ses questionnements et ses désillusions en la nature humaine. Depuis sa mésaventure avec Mike et Jessica, elle était devenue excessivement méfiante à l'égard de toutes celles et ceux qui l'approchaient. A tel point qu'elle s'évertuait à dresser des barrières invisibles mais infranchissables pour tenir quiconque à distance qui cherchait à se rapprocher d'elle ou à pénétrer dans sa sphère intime. Elle avait décidé désormais qu'elle ne voulait plus d'amis, ni être l'amie de qui que ce soit. Ça faisait trop mal ! Dès qu'on acceptait de se dévoiler ou de devenir intime avec quelqu'un, on finissait toujours par en souffrir. Elle ne voulait plus jamais être outragée telle qu'elle l'avait été dans sa dignité de femme, ni fournir la moindre occasion à qui que ce soit, de l'atteindre dans son intégrité ou d'abuser de sa confiance. Le peu d'orgueil et d'amour propre qui lui restaient, elle le conserverait.

Cette épreuve avait au moins eu pour avantage de l'endurcir face aux autres et de lui faire perdre sa naïveté tout en réduisant à néant tout élan de spontanéité. Ce n'était pas demain la veille qu'elle se laisserait à nouveau avoir de la sorte. Engloutie dans ses pensées, mais bien décidée à tenir ses bonnes résolutions, elle entendit à peine le petit miaulement au moment où elle introduisit sa clé dans la serrure de la porte d'entrée du bâtiment où était son studio. Elle rattrapa la porte de justesse et s'accroupit pour scruter l'intrus. Une minuscule boule de poils brune tigrée se tenait là, recroquevillée dans l'embrasure qui la fixait de ses grands yeux vert kaki.

– Oh là là ! Mais d'où tu sors toi, hein ?

Elle se pencha pour le prendre. D'une main, elle se mit à le caresser. Il attrapa aussitôt son index et le mordilla avec véhémence.

– Aïe ! Mais dis donc, ça fait mal ça, petit garnement. Tu as faim, hein ? C'est ça ?

Sans plus attendre, elle calla le chaton à plat sur son avant-bras contre sa poitrine, se redressa et s'engagea dans l'escalier.

– Allez viens ! dit-elle. On va voir si on peut te dénicher quelque chose de comestible dans mon frigo. Elle espérait y avoir encore du lait qui n'ait pas tourné. Comme elle n'en consommait que dans ses céréales le matin et que bien souvent elle sautait le petit déjeuner, elle se retrouvait, quasi chaque fin de semaine, contrainte de jeter un demi-litre de lait dans l'évier.

Arrivée devant sa porte, elle la déverrouilla, déposa délicatement le chaton sur le balatum, ouvrit le frigo et attrapa la bouteille de lait à moitié pleine. Elle retira le bouchon en plastique et mis son nez au-dessus du goulot. Ne sentant rien d'anormal, elle choisit de jouer la carte de la sûreté en le goûtant. Toujours rien de suspect ! Elle saisit donc un bol à céréales resté sur l'égouttoir à vaisselle, y versa un peu de lait et le donna à son petit hôte.

– Tiens, régale-toi !

Il ne se fit pas prier. Le contenu fut avalé en deux temps trois mouvements. Elle remplit le bol à nouveau et observa la pauvre bête laper son lait goulument. Comment pouvait-on abandonner une si petite bête sans défense ? Voilà bien quelque chose qu'elle ne parviendrait jamais à comprendre. C'était comme toutes ces annonces – photos à l'appui – de chats et chiens en détresse qui paraissaient chaque jour, à côté de la grille quotidienne de mots croisés du *Luxemburger Wort* – auquel ses parents, comme tous bons Luxembourgeois qui se respectent, étaient abonnés – qui lui fendaient le cœur, mais qu'elle n'avait malgré tout pu s'empêcher de lire et de regarder lorsqu'elle vivait encore chez eux. Qu'est-ce qui pouvait bien pousser les gens à abandonner ou à maltraiter les animaux ? Quand ils ne faisaient pas pareil, avec leur propre progéniture ? Egarée dans ces réflexions sur la face sombre du genre humain, elle décida tout à trac qu'elle allait garder ce chaton et le protéger. Il s'agissait en même temps d'un pied de nez adressé à ses parents qui n'avaient jamais voulu d'un animal domestique. « *Trop contraignants et trop salissants* » avaient-ils décrété devant une Lili en larmes, âgée alors de six ans, qui tentait de les convaincre d'adopter un des chatons qu'une des chattes de leur voisine d'en face avait mis bas quatre semaines plus tôt. « *Il n'en est pas question ! N'y pense même pas ! Et qui est-ce qui s'en occupera quand on partira en vacances, hein ?* » Le cœur brisé et dégoûtée, elle les avait maudits en silence avant de se réfugier dans sa chambre en claquant la porte de toutes ses forces. Cela avait été là son premier gros chagrin sentimental. Et voilà que ce soir, comme par un coup du destin, ce petit être tout frêle l'avait choisie elle, pour le prendre en charge et le dorloter. Elle qui avait de l'amour à revendre, mais qui avait décidé de maintenir son cœur verrouillé à double tour à l'égard des humains, n'allait tout de même pas refuser son affection à cette petite peluche vivante. Alors qu'il avait englouti sa deuxième portion de lait, elle le souleva dans ses bras, le serra tendrement contre sa poitrine et déposa un baiser sur son crâne menu.

– Je vais te protéger mon petit cœur. Hein, tu veux bien ?

Pour toute réponse, il émit un petit rot de satiété puis se mit à ronronner fortement sous l'effet de ses caresses. Elle le déposa au bout d'un moment sur le lit, puis passa à la salle de bains pour procéder à son petit rituel de soin. Elle prit ensuite en guise de litière, une vieille boîte à chaussures rangée en dessous de son lit, renfermant des escarpins qu'elle ne mettait pour ainsi dire jamais. Elle les rangea tout au fond de sa garde-robe, disposa du vieux papier dans le fond de la boîte, puis la plaça dans la salle de bains, entre le lavabo et les WC, tout en espérant que son petit hôte, allait comprendre, qu'il s'agissait de sa toilette pour cette nuit. Elle irait chercher une vraie litière dès le lendemain ainsi que quelques accessoires indispensables pour qu'il se sente ici chez lui. Après s'être assurée que tout était bien fermé et éteint, Lili alla rejoindre son petit protégé qui l'attendait sagement assis, la queue enroulée autour de ses pattes. A peine fût-elle allongée sous la couette que le chaton vint se pelotonner contre sa taille. Un geste, qui la fit fondre littéralement.

– Tu verras, murmura-t-elle. On sera bien ensemble toi et moi.

Et tout en se laissant bercer par le ronron sonore de son petit colocataire, elle sombra sereinement dans le sommeil en pensant que c'était la première fois depuis des semaines qu'elle ne se sentait plus aussi esseulée et que demain était un autre jour.

5

Limpertsberg, mardi 11 février 2003

6:45 du matin. Les bagages étaient entassés dans le hall d'entrée. Tom était en train de sortir la voiture du garage tandis que Claire attendait sur le pas de la porte pour l'aider à ranger valises, vanity-case, sacs de voyage et sixpack d'eau dans le coffre. Le départ était prévu à 7:00 tapantes. Tom avait vivement insisté sur ce point. C'était la troisième fois qu'ils allaient en Cornouailles, mais la seconde fois seulement qu'ils s'y rendaient avec leur propre voiture. Or, sur base de l'expérience précédente, Tom avait calculé qu'il fallait qu'ils se mettent en route à 7:00 au plus tard s'ils voulaient arriver sur place à une heure raisonnable qui leur permette d'entamer leur séjour de façon optimum à savoir : par un savoureux dîner. Tout en chargeant la malle, Tom et Claire firent un dernier check pour s'assurer qu'ils n'avaient rien oublié de fondamental, comme la pilule contraceptive – une véritable phobie chez Claire – les K-Ways, les lunettes de soleil et les chaussures de randonnée.

– Bon, on a tout ! conclut Tom. Installe-toi tranquillement dans la voiture. Moi, je vais juste vérifier une dernière fois que toutes les fenêtres sont bien fermées avant de couper l'eau et de verrouiller la porte. J'en ai juste pour quelques minutes.

– Entendu, mais ne traîne pas trop, répondit Claire d'un air amusé en ouvrant la porte passager. Elle profita de ce que Tom soit occupé à effectuer sa ronde de contrôle pour sélectionner quelques CD qu'ils appréciaient tous les deux pour agrémenter le trajet qui allait tout de même durer près de onze heures. L'horloge de l'autoradio affichait 6:57. Elle baissa la vitre du véhicule :

– Toooom !

– Jooooo, ech kommen[24] !

Claire ne pouvait pas s'empêcher de taquiner Tom, quant à ses manies de tout contrôler, de vérifier chaque chose mille fois. Aussi, lorsqu'il la rejoignit derrière le volant, elle ne put résister et lança d'un air sarcastique:

– Alors ? Ça y est ? Tu es sûr qu'on peut partir tranquille là ? Ne devrais-tu pas encore faire une fois le tour, mon chéri ? ironisa-t'elle.

En voyant l'expression accablée sur le visage de son compagnon, Claire regretta aussitôt d'y avoir été si fort. Mais en même temps, elle craignait que cette tendance qui frisait le trouble obsessionnel compulsif ne prenne des proportions toujours plus alarmantes qui finiraient par nuire un jour ou l'autre à leur relation.

– Sorry, excuse-moi, dit-elle en posant sa main sur le genou de Tom. Tu sais, je plaisantais, c'est tout, poursuivit-elle en s'approchant pour l'embrasser sur la joue.

Il se tourna vers elle en pinçant les lèvres, contrarié, mais ne releva pas. Ce qui la fit se sentir plus mal encore.

– Bon, ok, ce n'était vraiment pas gentil de ma part de te taquiner comme ça. Pardonne-moi s'il te plaît, insista-t-elle en

---

[24] Oui, j'arrive !

lui adressant un regard de chien battu auquel il finit par succomber.

– C'est bon, répondit-il en lui collant un baiser sur la bouche. Je sais que je suis pénible avec mes TOC, mais je n'y peux rien. C'est plus fort que moi.

– Ce n'est rien, le rassura-t-elle avant de s'écrier le regard rivé sur l'écran de l'autoradio. Sept heures cinq, il faut qu'on parte !

– Allez, ça y est. On est parti ! opina Tom en activant l'alarme de la maison. Il glissa ensuite la télécommande dans l'espace de rangement devant le levier de vitesse, puis démarra. Claire se cala confortablement dans son siège et regarda droit devant elle à travers le pare-brise. Très vite, son esprit se mit à vagabonder dans les méandres de ses sombres pensées et ressentiments liés à son travail. Ces dernières semaines avaient été éreintantes. Son collègue Romain lui en avait fait voir de toutes les couleurs. Entre les congés-maladie, les congés-formation, les déjeuners d'affaires à rallonges, elle avait dû abattre un travail monstre, ce qui avait laissé très peu de place à sa relation avec Tom. *Adieu aux plaisirs de la chair ! Adieu aux plaisirs tout court !* Cette escapade était un don du ciel qu'il ne fallait surtout pas gâcher en se laissant dévorer par le ressassement de ses tracasseries de bureau. Il fallait absolument qu'elle parvienne au moins le temps de ces vacances à éliminer toutes ses préoccupations et à se concentrer sur ce voyage et plus particulièrement sur son homme. Claire avait conscience d'avoir trouvé en la personne de Tom, une perle rare. Un homme beau, intelligent, intègre et tendre. Peut-être même bien qu'il s'agissait-là d'un spécimen unique en son genre. En tout cas, c'est ce qu'elle pensait. Il ne cessait de la surprendre et de l'étonner, mais par-dessus tout, il l'émouvait par mille et une marques d'affection et d'attention dispensées au quotidien. Par moment, elle avait même l'impression de rêver. Que c'était tout simplement trop beau pour être vrai. Et bien qu'elle n'eût jusqu'ici, encore jamais eu de grandes déceptions ni à vivre des malheurs majeurs, elle était bien trop pragmatique pour croire aux contes de fées. Elle savait pertinemment que ce bonheur, cette formidable complicité qui les liait elle et Tom, pouvait s'arrêter à tout moment. Une réalité qu'elle avait eu tendance à négliger ces derniers temps, tellement elle avait été accaparée par son boulot. Elle sentait bien qu'elle allait devoir tôt ou tard prendre une décision quant à ce dernier.

Sans quoi elle allait finir par tomber malade ou contracter une saloperie. Le *burn out* et le cancer, ça n'arrivait pas qu'aux autres ! Mais en y réfléchissant bien, le pire qui pouvait lui arriver, c'était de perdre Tom. S'il venait à la quitter, elle ne s'engagerait plus jamais dans une relation amoureuse. C'était lui ou personne ! Aucun autre homme ne pouvait lui arriver à la cheville ! Envahie par l'émotion et l'amour qu'éveillait en elle celui qui était assis à côté d'elle en ce moment même, Claire détacha son regard de l'asphalte pour se tourner vers lui. Elle tendit sa main et la passa derrière la nuque de Tom pour la malaxer.

– Mmm, couina-t-il. Ça, ça fait du bien !

Elle sourit et arqua un sourcil aguicheur.

– Et dis-toi, que ce n'est qu'un début !

– Ouh, génial ! Hm, je meurs d'impatience.

– Tu peux, tu peux ! Je vais m'occuper de ton cas dès ce soir.

– Aïe aïe aïe, je ne demande que ça.

– Je m'en doute, railla-t-elle en lui pinçant l'oreille.

– Eh bien, je suis tout à toi, conclut-il en lui décochant un sourire concupiscent.

Claire l'embrassa dans le cou, tout en s'imaginant déjà tourbillonner nue dans ses bras sous un duvet plus que probablement imprimé fleuri, identique à la tête de lit. *Vivement ce soir !* se dit-elle, en fixant lascivement du coin de l'œil les mains aux doigts longs et fins de son compagnon qui enserraient le volant et qui dans quelques heures parcoureraient son corps. Mais pour l'heure, il fallait qu'elle contienne sa fougue. Aussi reposa-t-elle sagement ses mains sur ses genoux. *Il ne fallait surtout pas distraire le chauffeur*, songea-t-elle un sourire mutin aux lèvres.

***

Tom maintenait son regard rivé sur la bande de bitume qui défilait devant lui et sentait peu à peu la boule qui lui nouait l'estomac depuis des semaines se désagréger. Il adorait conduire. Curieusement, cela le détendait et lui permettait de se laisser glisser tout à son aise dans l'ambiance des vacances. Du coin de l'œil, il vit que Claire commençait à cligner des paupières. Elle luttait pour garder les yeux ouverts, mais il savait bien que d'ici quelques minutes, elle finirait par sombrer à son corps défendant dans un profond sommeil. C'était plus fort qu'elle, elle n'arrivait pas à rester éveillée sur le siège passager. A l'instar des enfants en bas âge, le bourdonnement sourd et monotone du moteur produisait sur elle un effet soporifique. Lorsqu'elle se réveillait – généralement – en sursaut, elle pestait toujours contre elle-même, s'en voulant d'être une si piètre coéquipière. Loin de lui en tenir rigueur, cela laissait à Tom tout le loisir de vaquer à ses pensées. De méditer sur son présent – notamment sur ce qu'il avait accompli jusqu'ici – et sur son avenir à la fois personnel et professionnel. Un ronflement léger et régulier à peine audible, lui signifia que Claire s'était bel et bien endormie. Il lui jeta une œillade l'espace d'une seconde et ne put réprimer un gloussement. La bouche entrouverte et la tête en arrière, collée à l'appuie-tête du siège, Claire était totalement abandonnée à son sommeil. Il ne manquait plus qu'un filet de salive ne se mette à couler le long de son menton pour que la caricature soit parfaite. Elle aurait détesté se savoir dans cette posture qu'elle aurait qualifié de grotesque et abaissante. Mais pour lui, c'était tout simplement attendrissant, rassurant même – de la voir ainsi, apaisée et délivrée de tout stress et nervosité. Jusqu'à la dernière minute, il avait craint de devoir tout annuler à cause de ce foutu Romain. Fort heureusement, ce dernier avait repris le collier deux jours avant leur départ. Mais ni lui ni elle n'avaient véritablement été tranquilles jusqu'à ce matin même, lorsque Claire – dans un accès de scrupulosité – avait allumé son téléphone portable pour vérifier qu'aucun message urgent ou de rappel au bureau n'était arrivé dans sa boîte vocale ou sa *mailbox* – qui pour une fois s'étaient miraculeusement avérées vides toutes les deux. Et à présent, qu'ils étaient en route, rien ni personne ne pourrait lui faire faire demi-tour. Si pépin au boulot il y avait, Romain et Gérard allaient devoir se débrouiller seuls. Tom serait intransigeant là-dessus. Après tout, Claire n'était qu'une employée. Pas mal payée, certes, mais sans aucun titre ni grade. Or, la reconnaissance symbolique était tout aussi importante, si pas plus importante – en particulier – pour la gent féminine que la seule reconnaissance matérielle. De son côté, il attachait moins d'importance au prestige du titre et aux louanges de son supérieur.

Cela dit, c'était beaucoup plus facile pour lui d'être davantage décontracté au boulot, compte tenu du fait qu'il était à la tête d'une petite équipe de cinq personnes – lui compris. Il pouvait donc déléguer toute la partie opérationnelle à ses sous-fifres et se concentrer sur l'aspect stratégique et développement de l'activité – ce qui bien sûr n'était pas une sinécure non plus. La pression hiérarchique étant bel et bien présente, intense et soutenue ! Mais, il avait la chance de pouvoir s'adonner au versant le plus attrayant et gratifiant de son métier. Et ça, c'était capital à ses yeux ! Naturellement, cela ne l'empêchait pas à trente-six ans de se poser lui aussi, de temps à autre, des questions quant à son avenir professionnel dans ce domaine. Avec ses treize années d'ancienneté dans la même société, il aspirait parfois à changer d'employeur, voire même d'activité ou, à tout le moins, à élargir son spectre. S'initier à de nouveaux produits et montages d'instruments financiers. Approfondir ses connaissances en matière de fiscalité et de compliance – deux aspects stratégiques cruciaux dans la création et gestion d'actifs. Il lui arrivait par ailleurs de regretter de ne pas être, à l'instar de Claire, parti immédiatement collecter de l'expérience à Londres au sortir de ses études. Cela aurait enrichi son bagage culturel et résolument boosté son CV en un tournemain. Au lieu de cela, il avait accepté le premier poste que lui avait proposé son patron de stage – au cours de sa dernière année d'études – dans la boîte où il évoluait depuis lors.

Et bien qu'il ne soit sûrement pas trop tard, aujourd'hui pour tenter sa chance à Londres, il ne se voyait pourtant pas tout lâcher pour exaucer un vieux rêve de jeunesse. D'autant qu'il avait tout de même pas mal progressé depuis son embauche. Il était très apprécié par sa hiérarchie ainsi que par les membres de son équipe. Il avait en outre acquis une certaine notoriété dans le monde des affaires ce qui, par conséquent, lui conférait crédibilité ainsi qu'une certaine dose de pouvoir qu'il n'était décidément pas prêt à mettre en péril. Il avait du reste pu constater lors de ses séjours à Londres que la qualité de vie n'était en rien comparable à celle dont il jouissait au Luxembourg. Nombre de ses contacts sur place se plaignaient du peu de temps qu'ils avaient à consacrer à leur famille et aux loisirs. Beaucoup lui avaient également confessé que tout était horriblement cher et que, même en disposant d'un gros salaire, il ne leur était pas toujours facile de boucler leurs fins de mois. Sans parler du fait qu'il était quasi impossible d'être propriétaire de son logement, à moins d'être riche comme Crésus et que, par conséquent, la colocation et l'hébergement chez l'habitant constituaient la pierre angulaire du marché immobilier. Autrement dit, à moins d'être plein aux as ou de posséder un statut d'expatrié, il fallait se résoudre à tirer irrémédiablement un trait sur son intimité et accepter de cohabiter tels d'éternels étudiants avec de parfaits inconnus. Or, ça très franchement, il ne s'en sentait pas du tout capable.

De par sa situation maritale d'une part, de par ses origines d'autre part. Cette pratique quasi incontournable à Londres était totalement impensable à Luxembourg – où régnait en maître le principe du chacun pour soi. Les Luxembourgeois passaient d'ailleurs globalement, aux yeux des résidents étrangers, pour des conservateurs ringards. Des individus distants à l'esprit étriqué, sans cesse sur leurs gardes. Et bien que cette description corresponde bel et bien à certains, celle-ci n'était en aucun cas représentative de l'ensemble des Luxembourgeois natifs. Peu enclins à faire le premier pas certes, ils n'en demeuraient pas moins – aussitôt que la glace était rompue – des êtres de valeurs et de convictions qui ne plaisantaient pas en termes d'amitié. Avoir un ami luxembourgeois, c'était avoir un allié pour la vie ! Fidèle et omniprésent en cas de coup dur. Des qualités que Tom en tant que Luxembourgeois pure souche cultivait et respectait au pied de la lettre. Pour preuve, sa bande d'amis datait de ses années de lycée dont un même de l'école primaire. Tous ensemble, ils étaient liés comme les cinq doigts de la main. Mais, depuis qu'il s'était mis en ménage avec Claire, il fallait bien avouer qu'il les avait quelque peu délaissés. Surtout ces derniers mois. Il n'avait pas été tranquille à l'idée de la laisser seule face à elle-même et à ses tourments, liés à son travail, pour retrouver ses potes autour d'un bon gueuleton et de quelques bières. Et bien qu'il sache au fond de lui qu'ils ne lui en tenaient pas rigueur, il ne voulait pas les décevoir ni leur donner l'impression qu'il les avait zappés. Aussi, allait-il profiter de ce séjour à Newquay pour soulager sa mauvaise conscience et reprendre contact avec eux en commençant par envoyer une carte à chacun. L'amitié, c'était sacré ! Et il ne se souvenait que trop bien de cette fois-là où Paul, un des potes de la clique, fraîchement largué, les avait appelés après huit mois de silence total. Le pauvre avait tellement craint de se faire envoyer paître, qu'en arrivant à leur café habituel, il s'était confondu en de plates excuses durant près de vingt minutes. Jusqu'à ce que Frank, le meneur, dans un élan de pitié ne parte dans un fou rire contagieux qui les fit tous pouffer et se rallier en un *high five* – leur geste fétiche – retentissant, manquant de faire basculer toute la table. Lui-même aurait voulu laisser poireauter Paul davantage avant de le gracier. Mais maintenant, il était content que Frank ne se soit pas montré aussi rancunier que lui. C'était non seulement une marque d'intelligence, mais avant tout, un signe d'amitié profonde et authentique. Les vrais amis se devaient d'être toujours là quoi qu'il arrive. Et il était très heureux de savoir que, même s'ils ne se voyaient plus régulièrement, il pouvait toujours compter sur eux, leur clémence et leur bonne humeur. Il se réjouissait d'ores et déjà de les revoir à son retour de vacances. Et tant pis s'il devait laisser Claire seule un soir. Même s'il l'aimait plus que tout au monde, un homme avait toujours besoin à un moment ou à un autre de se retrouver entre « mâles ». Cela n'avait rien d'anormal ni d'inquiétant ! C'était tout simplement nécessaire à leur équilibre, à leur bien-être ! Nécessaire à leur plein épanouissement, ce qui, du même coup, influait positivement sur leurs relations de couple. En d'autres termes, il n'y avait donc aucun mal à s'octroyer des sorties entre hommes. C'était même plutôt conseillé. D'ailleurs, à tout bien réfléchir, c'était peut-être exactement ce dont Claire avait besoin, elle aussi. D'une bonne soirée entre filles, dont elle se privait pour l'instant, parce que lui, non plus, ne voyait aucun de ses potes.

– Bah, j'ai dormi combien de temps là ?

La voix vaseuse encore toute ensommeillée de Claire le ramena sur terre. Tom regarda l'écran de l'autoradio et réfléchit.

– Hm... pas loin de près de deux heures, je dirais...

En fait, en additionnant toutes les périodes où elle s'était assoupie, depuis qu'ils avaient quitté le Luxembourg, elle devait tourner autour des six heures de sommeil polyphasique.

– La vache, je suis désolée. Et toi ça va ? Tu veux que je te relaie ?

– Oh, neen[25] ! objecta-t-il vivement.

– Ben, merci ! répondit-elle froissée.

– Désolé ! s'excusa-t-il. C'est sorti du tac au tac. Ne le prends pas mal, mais tu n'as encore jamais conduit à gauche avec un volant à gauche.

– Ça va ! J'ai compris, espèce de macho, va ! Tu ne me fais pas confiance, hein ?

---

[25] Oh, non !

Claire avait répondu en affichant une moue indignée, mais en réalité, elle était soulagée de ne pas devoir conduire. *Quelle peste !* lui lança sa voix intérieure.

– Ce n'est pas ça. Mais même pour moi, ce n'est pas évident, bien que j'aie un peu d'expérience maintenant. Il faut sans cesse rester hyper concentré.

– T'inquiète, je te charrie. Je sais bien que tu sais que conduire, ce n'est pas trop mon truc de toute manière, reconnu-t-elle de bonne foi.

– Tandis que moi, eh bien, j'adore conduire !

– Et c'est tant mieux pour moi, fit-elle en claquant des mains. Combien de kilomètres nous restent-ils avant d'arriver ?

– Oh là … on est à peine à la moitié, je pense.

Préférant ne pas se fier uniquement à leur GPS qui les avait du reste souvent induits en erreur lors des voyages précédents, Claire avait imprimé l'itinéraire la veille au soir à partir du site ViaMichelin. Ils se trouvaient en effet approximativement à mi-chemin – au-dessous de Londres où ils venaient tout juste de rejoindre la M25 en direction de Basingstoke. Selon ses calculs, il leur restait plus ou moins 480 bornes à parcourir avant d'arriver à Newquay. L'horloge de l'autoradio affichait actuellement 14:30, soit 13:30, heure locale. Ils arriveraient probablement entre 18:30 et 19:00, ce qui signifiait que la nuit serait déjà tombée depuis belle lurette. Elle devrait donc patienter jusqu'au lendemain matin pour pouvoir admirer la vue et constater si le *Headland Hotel* était effectivement aussi imposant en réalité qu'il y paraissait dans les guides de voyage et téléfilms.

– Tu es sûr que ça ne va pas être trop déprimant d'être en Cornouailles en plein mois de février ? Après tout, les journées vont être très courtes ! remarqua Claire en reposant l'itinéraire sur le tableau de bord.

– Et les nuits n'en seront que plus longues, répondit Tom tout à trac en haussant un sourcil malicieux.

– Ah, ah, railla-t-elle. Voilà ce qui te motive en fait. Me maintenir au lit à ta merci ! »

– Plains-toi ! rétorqua-t-il en l'enveloppant d'un sourire vicieux.

– Mais non, je ne me plains pas. Ça me convient tout-à-fait ! répondit-elle le regard rivé au sien.

Frank Sinatra rentama pour la énième fois les premières notes de son très célèbre *Fly Me to the Moon*. Claire adorait cette chanson. Néanmoins, elle pressentait que Tom devait en avoir plus que ras le bol d'écouter ce CD en boucle depuis des heures. *Le pauvre !* Toutes ces ballades devaient lui sortir par les oreilles. Qu'il ne l'ait pas encore jeté par-dessus bord relevait du miracle. Même si globalement, *Frankie Boy* était apprécié de tous, force était de reconnaître que son *fan club* comptait davantage de femmes que d'hommes.

Aussi éjecta-t-elle sans plus attendre le CD pour en insérer un que Tom affectionnait tout particulièrement : *The Window of Life* de *Pendragon*. Tom poussa un soupir de soulagement sonore tout en la gratifiant d'un sourire reconnaissant.

– Aïe, c'est donc à ce point-là ? Mais pourquoi n'as-tu rien dit avant ?

– Eh bien tu dormais et je ne voulais pas te réveiller et encore moins risquer de m'attirer la foudre en mettant cette musique comme qui dirait, davantage élaborée, méditative pour ne pas dire spirituelle...

– Tu veux dire déprimante surtout ! répliqua-t-elle en lui décochant un regard en biais.

– Intellectuelle ! se défendit-il.

– Ben, voyons ! lança-t-elle sardonique. Excuse-moi d'être une ignare en la matière. Mais moi, quand j'écoute de la musique, c'est surtout pour me relaxer et non pas pour me prendre la tête avec des élucubrations d'artistes soi-disant progressistes, neurasthéniques et égocentriques qui tentent de refaire le monde.

– Oh là ! Vaut mieux que tu retires vite fait ce CD avant que les choses ne se gâtent et que tu ne me le fasses atterrir en pleine figure ! s'esclaffa Tom en s'abaissant derrière son volant comme s'il s'apprêtait à échapper à un volatile.

Claire pointa son index dans sa direction et objecta d'un ton mi-figue mi-raisin :

– Certainement pas ! La tolérance est vertu de la sagesse, elle-même vertu de l'intelligence. Tu vas donc te l'écouter ton fameux CD ! Après tout, conclut-elle en écartant les mains, tu as dû toi aussi te coltiner des heures de chansons mielleuses. Je te dois donc bien ça ! acheva-t-elle sur un ton à la fois compatissant et moqueur tout en se penchant en avant pour augmenter le volume.

– Tu es vraiment trop bonne ! clama-t-il.

– Je ne te le fais pas dire !

Sur quoi, ils se lancèrent un regard facétieux qui les firent l'un et l'autre éclater de rire. Claire en avait les larmes aux yeux et presque mal aux côtes, mais qu'est-ce que ça faisait du bien, se dit-elle, en appuyant ses mains sur son ventre pour calmer les tressaillements initiés par son hilarité. Partiellement remise au bout de plusieurs minutes, Claire se radossa à son siège, un sourire flottant toujours sur ses lèvres. Tom, de son côté, s'était à nouveau entièrement focalisé sur la route. Ils avaient encore une longue trotte devant eux, mais leur séjour promettait d'être très, très, agréable à tout point de vue.

6

Newquay, vendredi 14 février 2003

Jour de la Saint-Valentin. Fête des amoureux pour les uns. Fête ostensiblement commerciale pour les autres. Les bienheureux qui avaient un Valentin, respectivement une Valentine à choyer, virevoltaient d'ordinaire ce jour-là, le cœur paradoxalement léger et gonflé d'amour. Les célibataires erraient quant à eux toute la sainte journée, la mine à la fois revêche et envieuse, réfrénant l'envie irréfutable de tirer la langue et d'adresser un doigt d'honneur à tous ces gnangnans.

L'année dernière encore, Lili avait appartenu à cette catégorie. Curieusement, non pas parce qu'elle n'avait pas eu de Valentin – puisque à cette époque, elle était encore avec Mike – mais bien parce que ce crétin avait décrété que la Saint-Valentin était juste un subterfuge au service des commerçants avides de s'en mettre plein les poches sur le dos de consommateurs naïfs et crédules. Qu'il s'agissait même d'un affront à l'égard de l'amour et à fortiori de son partenaire, que de tomber dans le piège et de s'y conformer. *Tu parles*, grommela-t-elle en secouant la tête. Si ça se trouvait, il avait offert un cadeau ou gadget quelconque à Jessica. *Pfff ! Mais quelle idiote tout de même*, se fustigea-t-elle avant de chasser vivement, d'un coup sec frappé dans son oreiller, ses sombres pensées.

Car cette année, elle avait un petit être à chérir. Fidèle et tendre qui ne se permettait jamais aucune remarque acerbe ou moralisatrice, *lui* ! Son petit Fritzi, petit quadrupède félin dont elle était folle et qui partageait sa vie ainsi qu'un coin de son lit depuis environ six semaines. Grâce à lui, elle retrouvait progressivement sa joie de vivre et réapprenait à apprécier les petites choses de la vie. Ces petits riens qui vous mettent du baume au cœur et qui, de ce fait, étaient essentiels.

Ce soir, elle avait donc un adorable petit Valentin, tout à elle, à célébrer. Cette petite boule de poils s'était parfaitement intégrée dans son petit monde ainsi que dans son studio. Si bien d'ailleurs, qu'elle avait parfois l'impression qu'il était plus chez lui, qu'elle chez elle. Il s'était du reste bien rembourré depuis son arrivée. Un vrai petit morfal qui, chaque jour à la mi-journée et à la nuit tombée, l'attendait patiemment scotché sur le rebord de la fenêtre. Et même si la raison principale était certainement à mettre sur le compte des excellents restes qu'elle ramenait – le fait de savoir qu'un petit être se réjouissait de sa simple présence et se languissait de ses absences, éveillait en elle le sentiment merveilleux d'être utile et indispensable. Et peu importe qu'il ne s'agisse que d'un chaton et qu'aux yeux d'autrui, elle ne passe pour une pauvre *vieille fille* décidément tombée bien bas. Fritzi produisait sur elle le même effet que celui généré par des séances de psy ou de coaching hors de prix, censées vous rebooster et vous redonner confiance.

Le jour de la Saint-Valentin tombait particulièrement bien cette année. *Sur un vendredi !* Nul doute que le restaurant afficherait complet ce soir – laissant augurer pour Lili et ses comparses de généreux pourboires. Quant au menu, celui-ci se déclinerait autour de la Saint-Jacques. Fritzi aurait donc droit ce soir ou plutôt cette nuit, selon l'heure à laquelle elle rentrerait, à un véritable festin. Lili avait expédié son ménage ainsi que son repassage la veille au soir en rentrant de son service et pouvait donc s'octroyer ce matin le luxe d'une grasse matinée sacrément méritée. Levant un œil paresseux sur son réveil, Lili constata qu'il n'était que 7:30. Or, elle comptait bien dormir jusqu'au moins 10:00. Aussi, se retourna-t-elle précautionneusement pour éviter de réveiller son petit colocataire. Ses efforts se révélèrent toutefois peine perdue. Poussant un piaillement plaintif, il écarta les mâchoires en un large bâillement signifiant que, lui non plus, n'avait pas l'intention de se lever. Lili sourit et remonta sa couette un peu plus haut encore sur ses oreilles avant de replonger quasi instantanément dans le sommeil sous l'effet à la fois apaisant et chauffant de sa petite bouillotte vivante, plaquée contre son ventre.

***

— Alles Guddes fir Feltesdag, kleng Miss ![26]

Claire, encore profondément endormie, se retourna lentement les yeux toujours clos. Elle étendit ensuite ses deux bras hors de la couette, puis marmonna :

— Wat? Wat zeg je?[27]

— Oh mäi![28] On n'est pas sauvés! Si tu commences à me parler en flamand maintenant, dit Tom en la chatouillant doucement. Allez, réveille-toi petite marmotte !

---

[26] Bonne Saint-Valentin, mamzelle !
[27] Quoi ? Qu'est-ce que tu dis ? en Néerlandais.
[28] Oh là / Oh mince ! en Luxembourgeois.

– Hein ?

Les yeux à présent ouvert, mais le regard encore un peu vitreux, Claire laissa s'échapper involontairement un bâillement à s'en décrocher les mâchoires. Il fallait dire que les longues randonnées combinées à l'air marin l'exténuaient. Il s'agissait cependant d'une excellente fatigue. Une fatigue physique revigorant à la fois l'esprit et le corps !

– Excuse-moi, mais qu'as-tu dit ?

– Je t'ai souhaité une bonne Saint-Valentin.

– Oh pardon, bonne Saint-Valentin à toi aussi, mon chéri.

De ses deux mains, elle l'attira à lui et l'embrassa tendrement. Lorsqu'elle rouvrit ses yeux parfaitement éveillés à présent, elle découvrit dans la lumière douce du matin – qui s'immisçait délicatement à travers la fente des deux pans de tentures – un magnifique bouquet de lys blancs et roses posé sur la commode de même qu'un plateau dont émanaient des odeurs salivantes qui firent immédiatement gronder son estomac – un autre contrecoup de ces excursions en bord de mer.

– Oh MERCI, s'exclama-t-elle. Tu es tout simplement MERVEILLEUX !

– Hm, de rien, c'est toi qui es merveilleuse !

Sceptique, Claire souleva un sourcil.

– Tu fais allusion à cette nuit, je suppose. Car là tout de suite, je ne me sens pas merveilleuse du tout, mais plutôt comme une loque à laquelle je dois d'ailleurs ressembler.

– Mais non, tu es toute mignonne comme ça, avec tes cheveux tout ébouriffés et ta joue gauche marquée par l'oreiller.

– Oh non, quelle horreur ! s'exclama-t-elle, en cachant son visage derrière ses mains et en se précipitant hors du lit pour se réfugier dans la salle de bains et vérifier elle-même les dégâts dans le miroir. *Bon*, se dit-elle en auscultant son visage, *il fallait qu'il soit sacrément amoureux pour la trouver mignonne ainsi.*

Certes, elle avait repris des couleurs. Son visage était rosi par le vent, ses joues avaient l'air plus rebondies – ce qui était plutôt une bonne chose. Il est vrai qu'elle avait bien meilleure mine. Par contre et ça, ça ne lui plaisait pas du tout, son ventre aussi était plus rebondi. *Normal*, avec tous ces bons dîners qu'ils avaient engloutis depuis leur arrivée, qui plus est, à chaque fois accompagnés d'une bonne bouteille de vin, sans oublier une coupe de champagne à l'apéro et parfois même en guise de digestif. Heureusement qu'ils ne restaient qu'une semaine, sans quoi, à ce rythme-là, elle finirait rapidement par ressembler à une baleine. *Une baleine alcoolo*, en plus de cela ! Elle leva le couvercle des WC pour uriner, se lava les mains puis s'aspergea un peu d'eau froide sur le visage pour tenter d'estomper le pli laissé par ce satané coussin. Elle attrapa ensuite son peigne qu'elle humidifia pour aplatir son épi avant de retourner dans la chambre.

– Tu as faim ? interrogea Tom en empoignant le plateau petit-déjeuner.

– Je crève la dalle, tu veux dire, répondit-elle en reprenant place dans le lit. Je ne comprends pas ça. A la maison, je n'arrive rien à avaler le matin à part un mug de café et ici, j'avalerais un bœuf tout entier au lever.

– Et oui, c'est parfaitement normal. Rassure-toi, j'éprouve exactement les mêmes symptômes. – Oui eh bien heureusement qu'on rentre dimanche. Je grossis à vue d'œil ici !

Tom la toisa tout en déposant le plateau au milieu du lit et conclut.

– Il y a encore de la marge !

– Tu es gentil ! Au même moment, elle passa discrètement sa main sous la couette pour revérifier la taille du bourrelet survenu au cours des derniers jours et estima qu'il allait falloir faire une petite diète en rentrant. Mais là tout de suite, en sentant l'odeur délicieuse du pain grillé, des œufs brouillés et du bacon, embaumer toute la pièce, tandis que Tom soulevait la cloche en argent, laissant apparaître en plus des œufs et du bacon fumants, des champignons ainsi qu'une belle tomate juteuse persillée et coupée en deux, elle fit taire sa mauvaise conscience et se jeta sur son *full english breakfast* – sans *sausages* ni haricots blancs à la sauce tomate. Autrement dit, pas tout à fait *full*, tout compte fait !

Remarquant au bout d'un moment que Tom l'observait, elle demanda la bouche encore à moitié pleine :

– Mais et toi, tu ne manges rien ? Tu ne t'es rien commandé ? Tu ne vas tout de même pas te contenter de me regarder manger. Pas après m'avoir avoué que toi aussi, tu avais un appétit d'ogre ici.

– Mais non, rassure-toi, je m'en suis commandé un aussi. Aussitôt, il se releva, se dirigea vers une chaise postée à côté de la fenêtre où siégeait un second plateau. Il le prit et revint s'installer auprès d'elle. Il retira la cloche. Lui en revanche, avait bien pris le *full*. Arrivés tous les deux au bout d'un moment à mi assiette, Claire demanda :

– Alors, c'est quoi le programme aujourd'hui ?

– Euh… Eh bien comme il fait particulièrement beau ce matin et que c'est la fête des amoureux, j'avais pensé un peu flâner dans les rues de Newquay à la recherche de quelque chose à t'offrir.

– Ah non, se rebiffa-t-elle. Maintenant ça suffit ! Regarde, tu viens encore de m'offrir un superbe bouquet de lys. Tu me gâtes déjà beaucoup trop. Alors, non, non et non, j'ai tout ce qu'il me faut ! En clair, je n'ai besoin de rien, compris ? En revanche, je suis d'accord pour aller flâner et tenter de te dégotter quelque chose de beau pour toi !

– Si tu veux ! Mais sache qu'on ne gâte jamais trop la femme qu'on aime !

Visiblement émue et troublée par le romantisme de cet aveu, Claire – dont les joues s'étaient délicieusement empourprées – en resta sans voix l'espace d'un instant. *Cet homme était décidément un extraterrestre*, se dit-elle, en empoignant son visage pour l'embrasser.

– Je dois bien reconnaître que tu as vraiment l'art de couper court à mes arguments, dit-elle d'une voix rauque en desserrant son étreinte.

– Eh oui, que veux-tu ? Ou on est doué, ou on ne l'est pas, déclara-t-il en clignant d'un œil complaisant.

– Oh, toi alors, lança-t-elle en feignant lui balancer une tranche de pain toastée à la figure.

– Pass op[29], sourit-il en brandissant un index menaçant.

– Tu as de la chance que ces toasts soient bien trop bons que pour être gaspillés, répondit-elle en mordant goulûment dans celui qu'elle avait fait mine de jeter quelques instants auparavant.

Ils poursuivirent ainsi, jusqu'à la dernière bouchée, leur petit-déjeuner dans la bonne humeur.

***

- Houere Schäiss[30], pesta Lili entre ses dents. La sonnerie de son portable l'avait empêchée de se rincer convenablement et elle avait glissé en voulant se précipiter hors de la cabine de douche – manquant de peu, de se fracasser la tête sur la robinetterie. Elle s'était rattrapée de justesse au rideau qui avait miraculeusement résisté à son réflexe d'agrippement. A présent, elle se tenait debout, toute dégoulinante au milieu de son studio et furax d'avoir manqué de se tuer pour rien, car au moment même où elle avait empoigné son GSM, celui-ci s'était subitement tu. Verdaamten Apparat[31], maugréa-t-elle en vérifiant dare-dare le numéro de l'appelant dans son journal des appels en absence. Ce dernier, ne lui dit absolument rien.

---

[29] *Fais attention* en luxembourgeois et néerlandais.
[30] *Putain de merde* en luxembourgeois.
[31] *Maudit appareil* en luxembourgeois.

Quoi qu'il en soit, une petite voix l'intima de rappeler ce numéro au plus vite. C'était peut-être l'hôtel auprès duquel, elle avait postulé pour un job de secrétaire-réceptionniste à mi-temps. Avec son horaire réduit au restaurant qui perdurerait jusqu'au printemps prochain, elle craignait à la fois pour son moral et ses finances. Trop de temps libre pouvait conduire à l'ennui qui, lui, pouvait mener à des dépenses inutiles et surtout, intenables pour elle sur le long terme. Son salaire avait considérablement diminué depuis la mi-octobre et ne lui permettait plus guère d'extras. Heureusement qu'il y avait les pourboires ! Or, la proportion de ces derniers, par rapport à ceux obtenus durant la haute saison, avait, elle aussi, violemment chuté. Au cinéma, elle ne s'autorisait plus que les comédies romantiques et usait de mille et une astuces pour décliner les invitations à sortir en soirée qui, du reste, s'étaient révélées barbantes au fil du temps. Tout le monde, excepté elle, en ressortait à chaque fois totalement ivre. Une issue pour le moins décadente à laquelle elle était entièrement réfractaire. Depuis le début de la basse saison, les jours où elle ne travaillait pas, elle faisait le ménage ainsi qu'un peu de repassage pour sa vieille voisine, Misses Klegg qui vivait au rez-de-chaussée. Le tout gratuitement, car Misses Klegg l'invitait la plupart du temps à partager son repas et puis surtout, elle mettait à disposition son jardin pour Fritzi, qui avait non seulement le droit de s'y pavaner, mais aussi d'y aller et venir comme bon lui semblait, grâce à l'existence d'une trappe ayant servi autrefois à son vieux matou, Oscar – décédé depuis de nombreuses années et jamais remplacé. Seules au monde toutes les deux, elles n'avaient pourtant véritablement sympathisé que le jour où Fritzi s'était aventuré dans l'escalier après s'être faufilé à la vitesse de l'éclair entre les jambes de Lili tandis qu'elle rentrait de son service en plein milieu d'un samedi après-midi. Le raffut qui s'en était suivi pour tenter de rattraper la petite canaille dans la cage d'escalier avait été tel qu'il avait fini par réveiller Misses Klegg de sa sieste légendaire.

'What the hell is going on here [32]?' avait-elle subitement maronné, debout sur le palier, les deux poings plantés sur ses hanches. Fritzi, quelque peu affolé par le ton revêche de Misses Klegg, s'était aussitôt recroquevillé derrière les jambes de sa maîtresse.

'Euh… Sorry Misses Klegg! I'm just trying to catch my cat![33]' avait répondu Lili, confuse.

Le regard de la vieille dame s'était immédiatement illuminé à la vue du chaton qui, hésitant, pointait lentement le bout de son museau hors de sa cachette, les pupilles dilatées d'effroi.

'Oh, here you are! Come on, let me see what you look like?[34]'

Sans crier gare, Misses Klegg s'était alors abaissée et l'avait soulevé sans hésitation dans ses mains pour le détailler de plus près, tandis que lui la fixait, les oreilles rabattues en arrière.

'You're so cute[35]', s'était-elle exclamée au bout d'un moment, puis se souvenant tout-à-coup de la présence de Lili qui l'observait d'un air interdit, elle avait demandé :

---

[32] Que diable se passe-t-il ici ?
[33] Euh … excusez-moi Misses Klegg ! J'essaye juste d'attraper mon chat !
[34] Oh, te voilà ! Viens et montre-moi de quoi tu as l'air !
[35] Tu es si mignon.

'Why are you looking at me like that? I love cats, you know[36]', avait-elle déclaré, vraisemblablement offensée avant de se retourner et de pénétrer dans son appartement avec Fritzi toujours dans ses bras.

'Come, let us have some tea' avait-elle ensuite lancé à l'attention de Lili qui n'avait eu d'autre choix que d'obtempérer, si elle voulait récupérer son chaton. Quelques minutes plus tard, Lili réalisa que Misses Klegg n'aimait pas les chats, elle les adorait. Après avoir donné à Fritzi un ravier de lait qu'il avait bu comme s'il n'y avait pas de lendemain, Misses Klegg lui avait ensuite affectueusement découpé une tranche de jambon en de tout petits morceaux qu'il avait à nouveau ingurgités en quelques secondes comme s'il ne recevait rien à manger chez sa maîtresse attitrée. Particulièrement heureuse d'avoir quelqu'un à qui montrer son petit jardin qui, en contraste avec l'intérieur de son appartement, était extrêmement bien entretenu, Misses Klegg avait proposé à Lili, tandis que cette dernière s'émerveillait devant les massifs de rosiers, hortensias et rhododendrons, d'y laisser gambader Fritzi librement et à tout moment qu'il le souhaitait. Craignant que celui-ci ne saccage cet enchantement typiquement anglais, Lili avait fermement refusé, mais Misses Klegg ne s'était pas laisser dissuader pour autant, arguant qu'un chat avait certes besoin de la chaleur d'un foyer, mais qu'il avait avant tout soif de liberté pour explorer et chasser.

---

[36] Pourquoi me regardez-vous comme ça ? J'aime les chats, vous savez.

Lili avait alors expliqué qu'elle ne voulait pas qu'un si jeune chat ne se retrouve toute la journée dehors et ne se chope la mort en restant des heures durant dans le froid ou sous la pluie. Misses Klegg s'était dès lors empressée de lui montrer la vieille chatière qui avait servi jadis à son Oscar. Ne trouvant plus de contre-argument, Lili avait fini par acquiescer, non sans chercher dans sa tête un moyen de lui rendre la pareille. Aussi, quand Misses Klegg lui avait gentiment demandé de l'assister de temps à autres dans les tâches ménagères, Lili avait immédiatement saisi cette occasion de lui témoigner sa gratitude en acceptant à la condition, qu'elle puisse lui prêter main forte gratuitement. S'en était naturellement suivi de longues minutes de négociation remportées pour finir par Lili, qui avait réussi à tenir tête et à faire entendre raison à sa dure à cuire de voisine. L'intérieur modeste et défraîchi de l'appartement de Misses Klegg attestait, qu'elle non plus, ne nageait pas dans l'abondance. Veuve de pêcheur depuis des années, le montant de la pension qu'elle touchait ne devait pas être mirobolant. Cela dit, sur le plan matériel, elle semblait ne manquer de rien. C'était déjà ça, nota Lili qui, de son côté, calculait précautionneusement chaque dépense – le loyer étant sa priorité absolue. Quant aux charges, comprenant l'électricité, l'eau et le chauffage, elle s'ingéniait à réduire au maximum sa consommation pour faire baisser autant que possible le montant de la facture. Et bien que les températures demeurassent tout au long de l'année globalement plus douces en Cornouailles qu'ailleurs, il faisait néanmoins de plus en plus froid dans son studio le soir quand elle rentrait. Elle savait bien qu'elle ne pourrait pas indéfiniment laisser le thermostat du radiateur sur un et demi. Ainsi avait donc commencé sa chasse aux petites annonces dans *The Cornishman* emprunté à Misses Klegg.

Le front plissé, Lili en était à la sixième sonnerie tintant dans le vide. Elle poussa un profond soupir d'irritation quand, juste au moment où elle s'apprêta à raccrocher, une voix féminine suave et chantante retentit :

'The *Headland Hotel*, Sarah speaking, how can I help you?'

Lili hurla un *YESS*S intérieurement, puis répondit d'un ton qui se voulait être le plus posé possible :

'Hello, my name is Liliane Müller, I guess you or one of your colleagues tried to contact me ...'

'Yes indeed, I did. I was actually trying to contact you concerning your application for the Secretary/Receptionist job ...'

AAAHHH !!! YESSS !!! YESSS !!! YESSS !!! Lili se mit à faire des pirouettes, le bras droit levé en signe de victoire et eut le plus grand mal à garder contenance au moment où elles convinrent d'une entrevue. Lorsqu'elle raccrocha, n'y tenant plus, Lili poussa un *YESSS* à haute voix cette fois et tambourina de joie le sol avec ses pieds, avant de se précipiter à nouveau sous la douche. Elle exultait. Bien sûr, rien n'était joué et elle n'était pas crédule au point de s'imaginer qu'elle était la seule sur le coup. Néanmoins, sa maîtrise des quatre langues usuelles pratiquées dans son pays natal devrait-elle jouer en sa faveur. Ce serait vraiment un beau cadeau de Saint-Valentin que de se voir confier ce poste. En tout cas, elle comptait bien mettre toutes les chances de son côté. Elle avait rendez-vous l'après-midi même à 16:00, ce qui lui laisserait, en principe, le temps après son service de midi de venir se rafraîchir et de se changer. La première impression était primordiale et reposait essentiellement sur des éléments visuels. Elle le savait, non pas seulement parce qu'un professeur le lui avait dit un jour, mais surtout parce qu'elle-même avait l'habitude de juger tout nouvel interlocuteur en moins d'une minute et qu'hormis côté cœur, elle s'était rarement trompée. Elle accordait une importance toute particulière à l'allure générale : l'habillement, l'hygiène corporelle et le regard. Il lui tenait donc à cœur de soigner son allure pour ce rendez-vous qu'elle considérait, à son cœur défendant, d'ores et déjà comme décisif. Une mine pimpante et une tenue impeccable, c'était la première clé de la réussite dans ce type d'entretien. Avec son joli petit minois et son sens du code vestimentaire, nul doute qu'elle passerait allègrement l'épreuve de l'apparence physique. Pour le reste, elle se montrerait enthousiaste et motivée, sans pour autant en faire trop. Rester digne et ne jamais donner à entendre qu'on est désespérée, ni prête à se brader, si l'on voulait être respectée. En même temps, elle mourait d'envie de décrocher ce job et sa situation financière peu reluisante, ne lui permettait guère de faire la fine bouche ! Alors au diable, les grands principes d'embauche inculqués au cours de son cursus post-Bac ! Son cerveau tournait à présent à plein régime et elle ne parviendrait probablement pas à penser à autre chose d'ici là. Il ne lui restait plus maintenant qu'à espérer que le service de midi ne s'éterniserait pas, sans quoi, elle n'aurait peut-être pas le temps de relaver ses cheveux et d'éliminer toute odeur désagréable de relents de cuisine. Il lui restait encore un peu de shampoing à sec qu'elle utilisait généralement entre deux services, lorsque beaucoup de clients avaient commandé du *fish and chips* durant le service midi et que sa pause entre les deux avait été si brève qu'elle n'avait plus eu le temps de reprendre une douche. Seulement voilà, cela ne valait en rien un vrai shampoing suivi d'un bon rinçage à l'eau, car même en frottant très fort, il subsistait la plupart du temps des traces de poudre blanche qui concouraient à donner un aspect terne aux cheveux – sans parler des particules laissées sur les épaules, équivalentes à de répugnantes pellicules. Elle se surprit en coupant l'eau de la douche à implorer Dieu de lui venir en aide et de faire en sorte qu'elle ait suffisamment de temps pour pouvoir se bichonner avant l'entretien. *Il faut que je sois parfaite ! Vous comprenez, il me faut ce job*, psalmodiat-elle, comme si, vraiment, ce pauvre bon Dieu pouvait interagir ! Mais dans ces moments-là – c'était bien connu – même celui ou celle qui se disait athée tendait à se rattacher à des croyances, à des formes de pensées, ne serait-ce qu'aux forces du bien et du mal, du hasard et de la destinée. Même la plus farouche des volontés, la plus redoutable des déterminations et aussi grands que soient les efforts déployés pour réussir, il était notoire que certains avaient plus de chance que d'autres. Et qui – à part des saltimbanques – pouvaient prétendre être en mesure de provoquer la chance, de forcer le hasard ? Or de toute évidence, il demeurait dans chaque décision, dans chaque acte de la vie, une part d'impondérable sur laquelle l'homme n'avait aucune prise. En attendant, Lili luttait intérieurement contre l'idée d'appeler Ryan pour lui dire qu'elle ne se sentait pas bien et qu'elle s'excusait de ne pas être en mesure d'assurer son service ce midi. Mais à quoi bon mentir ? Elle détestait ça. De plus avec son bol légendaire, elle serait tout de suite démasquée ! Probablement reconnue par un ou une collègue en rue s'étonnant de la voir se balader, si élégamment vêtue, alors qu'elle était soi-disant souffrante. Sans oublier qu'on était ici dans une petite ville, où tout le monde se connaissait ! Et où tous ceux de la restauration se côtoyaient régulièrement pour s'échanger sur de nombreux sujets – notamment, celui du recrutement de personnel. Elle ne pouvait donc pas courir le risque d'entacher sa réputation ni de compromettre toutes ses chances d'obtenir une lettre de recommandation de Ryan. Auquel cas, autant faire tout de suite une croix sur ce job ! Les références, qu'elles soient écrites ou orales, étaient un *must* en Grande-Bretagne. Elle n'avait donc d'autre choix que celui de prendre son mal en patience et de se forcer à croire en sa bonne étoile.

***

– Tu n'as pas faim toi ?

– Décidément, tu ne penses vraiment qu'à manger !

Ça faisait plus de deux heures qu'ils déambulaient dans les rues de Newquay. Claire avait trouvé trois livres et jeté son dévolu sur un *Elvish Love Bangle* – un fin bracelet en argent, orné d'un délicat anneau central servant aussi de fermoir et gravé d'un message d'amour elfique inspiré de la trilogie du « Seigneur des anneaux ». Il fallait à présent, à tout prix, trouver quelque chose pour Tom. Ce n'était pourtant pas les magasins et petites boutiques qui manquaient.

– Allez encore un petit effort, on va bien finir par te dégoter quelque chose de beau, lança Claire d'un ton enthousiaste.

– Ben, on a encore tout l'après-midi pour le faire, non ? constata Tom en lui jetant un regard implorant. Là tout de suite, je préférais aller déjeuner, poursuivit-il en plongeant sa main droite dans la poche arrière de son jean dont il sortit une feuille de papier à en-tête du *Headland Hotel*. Regarde, dit-il en la tendant à Claire. Sarah, la réceptionniste, m'a noté quelques bonnes adresses en insistant sur un dénommé *Harbour Café*. La nourriture y est apparemment très bonne et le rapport qualité-prix tip top, sans parler de la vue – la terrasse donnant sur le port.

On essaie ? termina-t-il avec un sourire chargé d'expectative, voué à la faire fléchir.

– D'accord, mais avant, passons juste encore dans la rue ... Claire farfouilla dans son sac à dos et sortit le plan qu'elle avait pris sur le présentoir de la réception et s'écria au bout de quelques secondes : Ah, voilà, Bank Street !

– Bank Street ? Tiens comme c'est marrant ! Que veux-tu aller faire dans cette rue ? Tu ne crois pas qu'on côtoie déjà bien assez les banques chez nous, comme ça ?

– Mais non ! Je ne veux pas aller à la banque ! Mais, apparemment, il y a une très belle galerie d'art dans cette rue. Peut-être y trouvera-t-on ton bonheur. En tout cas, je tiens vraiment à t'offrir quelque chose encore aujourd'hui ! conclut-elle en appuyant ses deux poings sur ses hanches, signifiant son intransigeance.

– Très bien, concéda Tom tout en consultant sa montre d'un air soucieux.

Il était déjà presque 13:00 et il ne savait pas jusqu'à quelle heure, la cuisine du Harbour Café était ouverte.

– Vu l'heure, dit-il en tournant son poignet vers elle, il serait préférable selon moi de remettre la visite de cette galerie pour après le déjeuner. Qu'en dis-tu ?

– J'en dis que tu es tout simplement un épouvantable et insatiable boustifailleur ! Comment peux-tu avoir si faim, après ce que tu t'es envoyé ce matin ? Tu sais, il y a un très sage proverbe qui dit qu'il ne faut pas vivre pour manger, mais manger pour vivre.

– Oui et bien, que veux-tu ? Moi, quand je suis en vacances, j'ai toujours faim.

– Pas qu'en vacances, railla-t-elle. Et le pire, c'est que tu ne prends pas un gramme. Ça me tue moi, ça ! pesta-t-elle en levant les yeux et les bras vers le ciel. Moi, rien que le simple fait de regarder un scone avec *clotted cream*[37] et marmelade, me fait prendre un demi kilo.

– N'exagérons rien, tu es très bien roulée, objecta-t-il amusé.

– Tu es gentil, sourit-elle. N'empêche que je dois faire attention quand-même, tandis que toi tu peux t'enfiler un *full english breakfast*, un *fish and chips* pour le déjeuner ainsi qu'une bonne part de forêt noire pour le dessert ou en goûter, voire les deux et au dîner, reprendre à nouveau entrée, plat et dessert, sans prendre un seul gramme ! C'est injuste, na ! conclut-elle en tirant la moue.

---

[37] Crème caillée.

— Pauvre Caliméro, ironisa Tom en joignant ses deux mains et en inclinant sa tête sur le côté.

Outragée, Claire lui tira la langue avant de se retourner brusquement comme pour le planter là. Tom la rattrapa par le coude la fit pivoter, puis empoigna son menton et lui colla un smack sur la bouche qu'elle lui rendit en riant.

— Alors, tu es d'accord pour qu'on aille manger un petit bout maintenant ? Je te promets de prendre quelque chose de léger, affirma-t-il doucement.

— Ah, ça, non alors ! protesta-t-elle. Ne te gêne surtout pas pour moi. Un jour, ça finira quand-même bien par te profiter ! Tôt ou tard, la sur ou sous-alimentation a toujours des conséquences ! proclama-t-elle en pointant de façon insolente son nez en l'air.

— A t'entendre, on pourrait presque penser que tu souhaites me voir devenir obèse ?

— Mais non ! Puis, de toute manière, même gros, je t'aimerai toujours ! confessa-t-elle en l'étreignant. Mais j'avoue que je t'envie de pouvoir manger tout ce que tu veux, alors que moi, si je ne mangeais ne fut-ce que la moitié, voire le tiers de ce que tu engloutis chaque jour, j'attraperais autant de bourrelets que le petit bonhomme Michelin !

— Et je t'aimerais quand-même !

— Oui, c'est ça, répondit-elle en secouant sceptiquement sa tête de haut en bas. Et dès que j'aurai le dos tourné, tu en profiterais pour reluquer, la langue pendue jusque par terre, les petites blondes en bikini qui se pavanent sur la plage. Non merci !

– Comment ça ? Que les petites blondes ?

– Ha ! Oui, c'est vrai, j'oubliais, tu les aimes toutes, toi ! s'esclaffa-t-elle, en appuyant un index sur le sternum de Tom.

– Oui et d'ailleurs, blondes, rousses ou brunes, elles m'aiment toutes aussi ! paracheva-t-il, en souriant effrontément.

– Non, mais toi, alors ! gronda-t-elle en lui administrant cette fois un petit coup de poing dans l'abdomen.

– Aïe ! Serais-tu jalouse par hasard ? narquoya-t-il en reculant d'un pas.

– Détrompe-toi, rétorqua-t-elle bras croisés. Je suis vigilante, c'est tout. Et à en croire ton ego, j'ai plutôt intérêt à l'être, décréta-t-elle en haussant un sourcil avant de décroiser ses bras et d'en glisser un sous le coude gauche de Tom. Alors, on y va à ton *Harbour Café* ?

– Yesss my dear, acquiesça-t-il tout en réfléchissant à comment rejoindre le port au plus vite de là où ils se trouvaient.

***

Un quart d'heure plus tard…

'Hi, would you like a table for two?'

'Yes, please!'

'Outside or inside?'

Claire et Tom échangèrent un regard à la fois décontenancé et hébété.

'Heated of course!'

Tom scruta alternativement sa compagne et la ravissante terrasse pourvue de parasols chauffants. Après tout, le soleil aujourd'hui – bien qu'on soit en plein hiver – brillait de mille feux. Et si de surcroît, la terrasse était chauffée, pourquoi ne pas profiter de la vue sur le port ? Claire, qui semblait avoir deviné ses pensées, cligna des yeux et hocha la tête en signe d'approbation.

'Well, let's try it outside then !' répondit Tom d'un air enjoué à l'attention du serveur qui déjà leur emboitait le pas, vers la terrasse.

Dès qu'ils furent assis et munis chacun, d'une *menu card*, Claire s'exclama :

– Wouah, mais, c'est magnifique, ici ! Quelle vue !

– Ah ben, tu vois ? Content que ça te plaise ! »

– Et la carte a l'air pas mal non plus, admit-elle d'un air quelque peu étonné.

– J'avais donc raison de vouloir t'emmener ici, hein ? Avoue !

– Oui, oui, tu avais parfaitement raison, mon Chéri, reconnut-elle en joignant ses mains et en inclinant sa tête sur le côté.

– Ouh, il va falloir que je me le note en rentrant.

– Dis donc ça va quand-même ! Suis-je donc si pénible que cela ? demanda-t-elle en se rejetant en arrière sur sa chaise.

'Hum, hum ... Hi, sorry, can I get you anything to drink?'

Claire et Tom qui n'avaient pas vu venir la serveuse levèrent en même temps le nez de la carte et balbutièrent de concert :

'Oh yes of course! A half-liter bottle of sparkling water please!'

'Thank you! Will you also have lunch?'

Lili attendit qu'ils acquiescent tous les deux avant de se retourner pour aller chercher des verres, la demi-bouteille d'eau pétillante, deux sets de table ainsi que les couverts. Elle ne pouvait du reste s'empêcher, à chaque passage, de lorgner l'emplacement des aiguilles de l'horloge murale située à l'intérieur. *Pourvu que ces touristes ne tardent pas trop à commander !* se dit-elle. Il était déjà 13:20 et comme un fait exprès, la terrasse ne désemplissait pas depuis 12:00. Lili avait

beau se dire qu'en quittant au pire à 14:45, elle serait encore dans les temps pour apparaître nickel à son rendez-vous – elle sentait quand-même l'angoisse monter.

'Here you are !' lança-t-elle de retour devant la table de Tom et Claire, tout en disposant soigneusement sets, couverts, verres ainsi que la bouteille d'eau. Elle déposa ensuite son plateau sur la table voisine et sortit un bloc-notes de la poche de son tablier pour prendre leur commande.

– Tu ne veux pas d'entrée, hein c'est bien ça ? s'assura à nouveau Tom d'un air déçu.

– Non, je ne saurais pas, mais prends-en une toi ! répondit Claire en roulant ses yeux vers le haut avant d'adresser un clin d'œil à Lili afin de l'inciter à l'indulgence.

– Non, sinon tu vas devoir attendre, opta Tom finalement. Puis c'est vrai, tu as raison. J'ai déjà copieusement mangé ce matin. Soyons raisonnable ! Je vais prendre :

'Sorry Miss, I'll take a Cheeseburger with French fries and a portion of salad please'

'Which sauce?'

'Euh …'

'You can have barbecue, curry, mustard sauce…'

'What about ketchup and mayonnaise?' la coupa Tom.

Claire et Lili gloussèrent en même temps.

'Sorry, I'm just a peasant !' s'excusa Tom en regardant tour à tour les deux jeunes femmes.

– Mais non ! le rassura Lili. *Oups*, ça lui avait échappé. Elle qui s'était jurée de ne pas leur dévoiler qu'elle comprenait et parlait couramment le français, venait de se trahir. *Merde, le jour était particulièrement mal choisi pour perdre son temps à bavasser avec des clients. L'heure tourne,* la gronda sa conscience en lui flanquant une calotte.

Claire, qui d'emblée avait trouvé la serveuse fort sympathique, saisit immédiatement l'occasion pour lancer la conversation :

– Vous êtes française ?

– Non, Luxembourgeoise !

Deux paires d'yeux abasourdis la fixèrent.

– QUOI ? s'écrièrent Tom et Claire simultanément. Ce n'est pas vrai. Ça alors !

– Pourquoi, vous habitez là-bas ? les interrogea Lili en pensant que s'ils avaient été Luxembourgeois, ils auraient forcément parlé le luxembourgeois et non pas le français. À moins, que l'homme ne le soit. Il lui avait effectivement semblé reconnaître l'accent, lorsqu'il s'adressait à sa compagne.

– Je suis Belge, mais lui est Luxembourgeois, sourit Claire. Mais, pardonnez-moi ma curiosité, poursuivit-elle. Comment avez-vous atterri ici ?

– Oh ça c'est une longue histoire, répondit Lili, énigmatique.

'Liliiii', entendirent-ils tout à coup beugler. Ils rivèrent tous les trois leur regard en direction de l'intérieur du restaurant. *Ouf*, se dit Lili en voyant Ryan la fixer d'un air mauvais. Pour une fois, elle n'était mécontente, qu'il l'ait interrompue.

'Yes, I'm coming', lança-t-elle avant de se retourner vers le jeune couple :

– Excusez-moi, mais Madame, avez-vous choisi votre plat, s'il vous plaît ?

– Ah, oui pardon, s'excusa Claire. Je vais prendre une *Crab Salad*.

– Parfait ! Souhaitez-vous des frites ou du pain à l'ail en accompagnement ?

– Euh … non, mais serait-il possible d'avoir juste un peu de pain à côté ?

– Blanc ou gris ?

– Gris, merci.

Lili les remercia d'un hochement de tête puis se précipita à l'intérieur, rejoindre Ryan.

'Yes, Ryan?'

'I just wanted to tell you that you can leave now. I'll finish your guests !'

Surprise, Lili balaya la salle et la terrasse du regard et comprit que durant les minutes passées à prendre la commande des pseudo-Luxembourgeois, les tables à l'intérieur s'étaient vidées et que seules deux tables en terrasse étaient encore occupées. *Génial !* s'exclama-t-elle, en silence.

'Fabulous, thank you very much indeed!' lança Lili joyeusement.

'Never mind, but please, don't be late this evening! We'll certainly be extremely busy!' l'avertit Ryan.

'Yes, I know. Don't worry, I'll be on time!' affirma-t-elle, reconnaissante.

'You better be !' trancha-t-il âprement, comme si elle avait pour habitude d'être en retard.

Lili lui remit son bloc et, tout en dénouant son tablier, se rendit hors d'elle dans le vestiaire récupérer son manteau et son sac. Pourquoi avait-il toujours besoin de faire de pareilles réflexions ? Ryan n'était pas un mauvais bougre pourtant, mais par moments, il pouvait vraiment être pénible avec ces petites piques et remarques acerbes. Un irréfragable besoin de marquer que c'était lui, le patron, sans doute ! *Pfff ... lamentable* ! fustigea-t-elle en claquant la porte en sortant. Bien dommage que le poste pour lequel elle avait postulé n'était qu'un temps partiel. Mais bon, qui sait ? Peut-être bien, que si l'entretien se passait bien et que la chance lui était donnée de prouver son efficacité, on lui proposerait plus tard de l'engager à temps plein ? S'il y avait bien une chose qu'elle avait apprise au cours des derniers mois, c'était que la vie n'était qu'un processus instable ou tout change tout le temps et toujours plus vite ! Avantage ou inconvénient ? Plutôt une opportunité, mieux même, une succession d'opportunités ! Une dizaine de minutes plus tard, arrivée devant chez elle, Fritzi qui se tenait assis tel un mini sphinx sur le perron en plein soleil, l'accueillit en miaulant.

***

– Mmm, cette salade de crabe est probablement la meilleure que j'aie mangée jusqu'ici en Cornouailles, s'extasia Claire en se laissant aller contre le dossier de sa chaise, divinement repue.

– Meilleure encore que celle du *Victoria Inn* à Perranuthnoe ?

– Non, tu as raison, pas meilleure que celle-là, répondit Claire au bout d'un instant de réflexion. Mais, le fait de manger en terrasse en plein mois de février contribue assurément à donner à celle-ci une saveur toute particulière. Au fait, tu as eu des nouvelles de Christine et Charles ?

Un léger pli se dessina entre les sourcils de Tom qui visiblement fouillait dans sa mémoire.

– Non pas depuis Noël dernier. Tu ne te rappelles pas ? Ils nous ont envoyé une carte.

– Ah oui c'est vrai, acquiesça Claire en basculant en avant et en portant sa main droite à son front. Puis le regard rivé sur l'horizon, elle enchaîna. En fait, je ne sais pas pour toi, mais moi, je préfère loger dans un véritable hôtel plutôt que dans un Bed and Breakfast. L'endroit est féerique bien sûr et les chambres – dans le style Laura Ashley – sont toutes super cosy, en particulier la *Blue Room*, dans laquelle nous avons logé lors de notre second séjour. Mais je t'avouerai que le concept du petit déjeuner autour d'une grande table unique me dérange un peu. Avoir à converser chaque matin avec de parfaits inconnus ne m'enchante guère – Christine et Charles mis à part évidemment ! Tu comprends, il y a des matins où je n'ai tout simplement pas très envie de parler, si ce n'est avec toi, bien sûr.

– Bien sûr, répondit Tom en plissant les lèvres d'un air dubitatif.

– Quoi ? Tu veux dire que je suis d'humeur bougonne le matin ?

– Disons, taciturne !

– Et moi, qui croyais que les femmes moulins à paroles, vous tapaient sur les nerfs, à vous, les hommes.

– Tu es parfaite, sourit Tom en posant sa main sur la sienne.

– Ha, c'est ça, rétorqua Claire en levant le menton. Bon, poursuivit-elle en dégageant sa main pour prendre son sac à dos. Ce n'est pas tout ça, mais si on veut te trouver un cadeau avant que la nuit ne tombe, il vaudrait mieux se dépêcher de déguerpir d'ici vite fait ! L'écran de son téléphone mobile qui était rangé dans la poche avant de son *Eastpak* affichait 15:05 et, bien que le soleil soit toujours au rendez-vous, les journées en cette époque de l'année étaient particulièrement courtes en Cornouailles. Il faisait clair le matin aux environs de 8:00 – 8:30 jusqu'aux alentours de 16:30, heure à partir de laquelle l'obscurité tombait tel un rideau, d'un seul coup.

– Tu as raison, je demande l'addition agréa Tom, en faisant signe à celui qui les avait accueillis et qui visiblement devait être le patron puisque c'était le seul, qui ne portait pas de tablier et qui, surtout, était occupé depuis plus d'une dizaine de minutes à compter la caisse.

– Je passe encore vite aux toilettes, annonça Claire avant de s'éclipser à l'intérieur du restaurant et de réapparaître cinq minutes plus tard fin prête à débarrasser les lieux.

– Rassieds-toi, l'invita Tom. Le patron ne m'a toujours pas rendu la monnaie.

Claire se rassit et farfouilla dans son sac à dos à la recherche de sa trousse de maquillage dont elle sortit un instant plus tard un tube de crème Neutrogena. Elle retira ensuite son anneau d'argent, le posa devant elle sur la table pour entreprendre de s'enduire les mains, au moment où, brusquement, Ryan surgit devant eux.

'Here, your change please!' lança-t-il en déposant la monnaie d'un geste précipité, provoquant le tournoiement des pièces qui se mirent à virevolter dangereusement sur la surface lisse de la table. Le réflexe immédiat du couple fut de tenter de les retenir pour ne pas qu'elles tombent dans le buisson de ronces, sous le balcon.

– Oh Neeee ! hurla Claire en tentant désespérément de rattraper son anneau qui déjà se faufilait à toute vitesse entre deux colonnes de la rambarde en bois blanc pour achever sa course en plein milieu des ronces.

'Sorry, I'm so sorry! This happens all the time. Don't worry, I'll catch you other coins.' Mais, en voyant la mine décomposée de la jeune femme, Ryan comprit qu'il y avait autre chose.

'No, don't bother with other coins. It's my ring. I lost my ring!' Horrifiée, le ton de la voix de Claire était monté d'un seul coup dans les aigues.

'Oh, my God! What can I say? I'm very, very sorry. Was it very valuable?'

Tom, qui venait seulement de réaliser pourquoi sa compagne était toute paniquée et proche des larmes, intervint :

'It's not just that, I'm afraid. Most of all, this ring has a high symbolic value.'

'A high sentimental value, you see!' souligna Claire.

Perplexe et dépité, Ryan ne savait que dire ni que faire pour rattraper sa maladresse. Il devait pourtant bien y avoir un moyen.

'Can't you just buy another one? I mean, the same and I, I'll reimburse you of course.' proposa-t-il soudain ragaillardi, certain d'avoir trouvé la solution.

Tom haussa les épaules et secoua sa tête de droite à gauche en signe de négation : 'It's impossible, I bought it in Luxembourg and it was a unique piece.'

Ryan, de plus en plus mal, enfonça une main dans une poche et se passa l'autre dans les cheveux puis expliqua d'une voix à la fois dolente et grave : 'The problem is, is that you can't possibly find it back down there. It's like looking for a needle in a haystack! And in addition to that' poursuivit-il en pointant son menton vers le talus : 'these are thorns, so even if you would try, you'll surely get injured.

Tom acquiesça d'un mouvement de tête et se tourna vers Claire qui, le visage blême, continuait à fixer d'un air absent le ravin broussailleux. Il lui frôla le bras :

– Claire ? Eh, Claire !

Elle sursauta puis murmura d'une voix à peine audible :

– C'est un mauvais présage pour notre couple !

Tom se rapprocha d'elle, n'étant pas sûr d'avoir bien saisi ce qu'elle venait de dire :

– Quoi ? Qu'est-ce que tu dis ?

– Crois-moi, j'en suis sûre ! En plus le jour de la Saint-Valentin, tu te rends compte ? C'est un signe ! Si on ne retrouve pas cette bague, je ne donne pas cher de notre couple !

Tom n'en croyait pas ses oreilles. *Elle divaguait totalement là, non ?*

– Mais, arrête Claire ! C'est simplement une coïncidence. Triste certes, mais ce n'est quand-même pas parce que tu as perdu cet anneau que notre couple est en péril. Ce sont des superstitions de grands-mères, ça ! Ressaisis-toi là, je t'en prie !

Le dos affaissé, Claire leva ses yeux perdus et embués vers lui et déclara d'un ton empreint d'amertume :

– C'est la première bague que tu m'as offerte.

– Mais, voyons, je t'en offrirai d'autres. Tout de suite même, si tu veux. Allez, viens maintenant ! Cesse de t'en faire pour ça ! conclut-il, en la saisissant par les épaules pour l'attirer contre lui.

– Désolée, c'est plus fort que moi ! Je ne sais pas pourquoi, mais j'ai vraiment un mauvais pressentiment. Tant mieux, si je me trompe. Tu peux me croire, je ne demande que ça !

Ryan, tout penaud, observait la scène en silence et bien qu'il ne comprît pas un fichtre mot de ce qui se disait, il percevait néanmoins un profond tourment dans la voix de la jeune femme. Il s'en voulait terriblement. *Ah, ça lui apprendrait à toujours être si impétueux ! Voilà des clients qui n'étaient certainement pas prêts à remettre leurs pieds de sitôt dans son local !* Il fallait absolument qu'il tente de les réconforter ou à tout le moins faire preuve de compréhension et d'apitoiement. 'You know, my cousin also lost a ring down there, last summer. His class ring actually, and it's still lying there somewhere.'

Tom, qui voyait bien que le patron était très affecté par sa fâcheuse gaucherie, lui adressa un sourire bienveillant. Le pauvre homme ne l'avait pas fait exprès et cela ne servait à rien de lui en vouloir. Toutefois, se dit-il, sa mère avait entièrement eu raison lorsqu'elle l'avait prévenu que le cadeau d'une bague était toujours très symbolique aux yeux et dans le cœur d'une femme. Il n'en mesurait réellement l'ampleur que maintenant en voyant la mine consternée et effondrée de Claire. Si seulement, elle n'avait pas retiré sa bague pour se mettre de la crème sur les mains. Et si ce type avait été un peu plus pondéré dans ses gestes, cela ne serait pas arrivé. Mais Tom savait aussi qu'avec des « si », on n'allait pas bien loin. Or, là, il était temps de quitter le restaurant et que Claire se change les idées en poursuivant sa chasse au cadeau pour lui. Il saisit donc le sac à dos de Claire et tout en la maintenant par les épaules, la guida doucement vers la sortie.

Ne se retournant pas en sortant, elle ne vit pas l'état d'abattement et de navrance dans lequel Ryan était confiné depuis l'incident. Le dos courbé, le regard las et les mains enfoncées dans ses poches, celui-ci demeura quelques minutes encore planté comme un piquet devant la table où le jeune couple avait déjeuné, avant de se diriger tel un automate vers le comptoir pour se servir un gin tonic. Ça lui arrivait rarement de boire de l'alcool en plein milieu de l'après-midi, mais là, il avait vraiment besoin d'un petit remontant pour se réconforter après cette bourde et se donner du courage avant d'attaquer le service « Soirée Spéciale Saint-Valentin ».

***

'Fine Lilian, tell me, when can you start?'

'Well I just need to fix it this weekend with Mr Bennet but I guess, I could start next Monday.'

'Great, just give me a call as soon as you know more.'

'Will do!'

'Right then! Welcome into our team Lilian!'

Sarah contourna le petit bureau autour duquel elles s'étaient installées le temps de l'entretien et tendit une main franche à Lili.

'Thank you very much Miss Gaskell!'

'Oh please, call me Sarah!'

'Thank you very much Sarah!'

Lili n'osa pas en retour lui proposer de l'appeler par son surnom. Elle le lui dirait plus tard lorsqu'elle aurait déjà passé quelques jours à son nouveau poste. Sarah la raccompagna jusqu'à la porte d'entrée principale, lui souhaita un excellent week-end, puis retourna rapidement s'asseoir derrière le comptoir de la réception.

Lili, debout sur le perron, regarda le ciel, puis respira un grand coup avant de dévaler les quelques marches et d'esquisser un petit pas de danse, arrivée en bas. Elle se sentait presque pousser des ailes. La chance semblait lui sourire enfin. L'entretien s'était fort bien passé et bien qu'elle ait appréhendé au départ de n'être interviewée que par une seule personne, une femme, qui plus est, n'avait au final en rien joué contre elle. Sarah s'était montrée très accueillante et accessible. Ainsi s'était-elle immédiatement sentie à l'aise et en confiance. Ce qui lui avait particulièrement plu chez Sarah, c'était son regard franc et son écoute attentive. L'intérêt qu'elle lui avait porté tout au long de leur conversation lui avait paru impartial et sincère. Sarah semblait être une femme sans chichis – qualité plutôt rare au sein de la *race* féminine. Une *race* à part dont quatre-vingt pourcents au minimum étaient de véritables garces, capables de faire des courbettes obséquieuses par devant et des pires bassesses par derrière. Tel était le jugement que Lili portait sur ses pairs. Après tout, elle en avait déjà fait les frais plusieurs fois à ses dépens dans le passé. Les exceptions existaient bien sûr, mais relevaient par définition de l'ordre de « l'exceptionnel ». Aussi se tenait-elle sans cesse désormais sur ses gardes et quand c'était possible, elle allait jusqu'à éviter comme la peste, le côtoiement de l'espèce. Apparemment, elle serait avec Sarah, la seule femme au sein de l'équipe tournante en charge de la réception et c'était très bien comme ça. D'humeur allègre, Lili choisit de faire un petit détour par *Fistral Beach* où quelques *surfers* forcenés foulaient la plage. La mer était plutôt calme mais la température de l'eau, même si le soleil avait brillé aujourd'hui plusieurs heures d'affilée, devait être glaciale.

Pour preuve, ils portaient tous des combinaisons d'hiver. *Il fallait vraiment être féru ou bien fêlé*, pensa-t-elle en les observant ramer à plat ventre sur leur planche, à l'affut d'une bonne vague, à cette époque de l'année. Même dans son imagination la plus saugrenue, elle ne se voyait vraiment pas mettre, ne fût-ce qu'un orteil dans l'eau, en plein hiver.

– Bah, waat ass daat Schäiss ! Einfach keng richteg Wellen wäit a breet ![38]

Lili se retourna brusquement n'en croyant pas ses oreilles. Un adolescent se tenait à quelques mètres derrière elle. Il râlait comme un putois contre l'absence de vagues. L'homme qui se tenait à côté de lui ne se laissa quant à lui aucunement démonter.

– Allez Alex, sief dach kee Spiisser ! Daat ass jo net esou schlëmm. Kuck wie hei d'Sonn schéngt ! Doheem schifft et permanent ! Komm loos eis daat emol genéissen. Mir sinn jo schliisslech nach e puer Deeg hei ![39]

Le jeune marmonna dans sa barbe, mais finit par acquiescer, l'air sceptique. Lili ne put s'empêcher de secouer la tête en souriant. Quatre yeux interloqués la dévisagèrent.

'Hello', dit celui qui devait probablement être le père de l'adolescent.

– Moien, répondit-elle.

---

[38] Bah, quelle merde ! Aucune vraie vague à l'horizon !
[39] Allez Alex, ne sois-pas si rabat-joie ! Ce n'est pas si grave. Regarde, comme le soleil brille ! À la maison, il ne fait que de pleuvoir ! Laisse-nous apprécier ça. Finalement, on est encore là quelques jours !

L'adolescent qui répondait apparemment au prénom Alex, embrancha, interloqué :

– Wéi, sidd dir Lëtzebuergesch ?[40]

– Tjo d'Welt ass kleng ![41]

– Definitiv ! Moien, ech sinn den Guy an daat ass den Alex mäin Schwoer,[42] annonça l'adulte en s'approchant, main tendue. Pour autant que Lili ait été étonnée du jeune âge du prétendu beau-frère, elle n'en laissa rien paraître, se contentant de lui serrer la main.

– An ech sinn d'Lili.[43]

Guy donna un petit coup de coude à Alex qui se présenta à son tour, puis demanda :

– Si dir och hei an der Vakanz ?[44]

– Ech liewen hei.[45]

Cette déclaration parut sortir Alex de sa torpeur qui s'exclama :

– Waouh, dat ass jo mega ![46]

Si tu savais, se dit-elle. Mais, sa bonne humeur du moment aidant et ne souhaitant aucunement briser les illusions du jeune garçon, elle se contenta de répondre :

---

[40] Comment, vous êtes luxembourgeoise ?
[41] Oui, le monde est petit !
[42] Définitivement ! Bonjour, moi c'est Guy et voici Alex, mon beau-frère.
[43] Et moi, c'est Lili.
[44] Êtes-vous ici aussi en vacances ?
[45] Je vis ici.
[46] Wouah, ça c'est vraiment méga !

– Jo et ass wierklech flott hei. Besonnesch d'Mier. Daat ass wierklech eppes waat zu Lëtzebuerg feelt.[47]

– Daat soen mir eis all Dag esou bal mir nees doheem sinn, gell Guy ?[48]

– Absolut ![49]

Lili retourna discrètement son poignet pour vérifier l'heure. *Mince*, il était déjà 17:20 et elle devait repasser chez elle se changer avant de rappliquer dare-dare au restaurant.

– Sorry, ech muss Iech loossen,[50] s'excusa Lili.

– Kee Problem[51], répondit Guy en faisant mine de frapper l'épaule d'Alex avec la sienne. Et huet eis gefreet Iech kennenzeléieren.[52]

– Mech och ! Bleift dir nach méi laang hei ?[53] ne pût-elle quand même s'empêcher de demander. *Quatre Luxembourgeois en un jour ici à Newquay, c'était tout de même extraordinaire !*

– Neen, mir sinn eigentlech zu St Ives am Tregenna aquartéiert. Mir sinn just fir een Dag op Newquay komm,

---

[47] Oui, c'est vraiment chouette ici. Surtout la mer. C'est vraiment quelque chose, qui manque au Luxembourg.
[48] C'est ce qu'on se dit chaque jour dès que nous sommes de retour chez nous, n'est-ce-pas Guy ?
[49] Absolument !
[50] Sorry, je dois vous laisser.
[51] Pas de problème,
[52] Nous avons été ravis de faire votre connaissance.
[53] Moi aussi ! Vous restez ici encore longtemps ?

wéinst dem Surfen, mee genee wie zu St Ives, woren hei de ganzen Metten praktesch keng Wellen.[54]

– Aïe aïe aïe, compatit Lili en regardant Alex du coin de l'œil qui dessinait des cercles dans le sable avec ses pieds, visiblement impatient que les deux adultes en aient terminé.

– Tjo, shit happens wie een seet[55], rétorqua Guy en lançant lui aussi un coup d'œil à son beau-frère, dont l'ensemble des gestes corporels et mimiques faciales trahissait son ennui.

– Mir loossen Iech besser goen[56], déclara-t-il en regardant l'adolescent de travers, qui continuait à tracer des cercles. Mir mussen eis ausserdeem och op de Wee machen. Dat ass awer eng kleng Streck bis zeréck op St Ives ![57]

– Wivill braucht dir dann ?[58]

– Eng Stonn méi oder wéineger.[59]

– Dat ass effektiv nawell eng kleng Streck ! Ma jo dann eng schéin Fahrt fir zeréck ![60]

– Merci villmools an Iech e schéinen Owend ! [61]

---

[54] Non, en réalité, nous sommes installés à St-Ives à l'hôtel Tregenna Castle. Nous ne sommes venus à Newquay que pour un jour, à cause du surf, mais tout comme à St-Ives, il n'y a quasiment eu aucune vague ici, de tout l'après-midi.
[55] Oui, shit happens, comme on dit.
[56] Il est préférable que nous vous laissions vous en aller.
[57] Nous devons du reste nous mettre en route. C'est quand-même une certaine distance pour retourner jusqu'à St-Ives.
[58] Combien de temps vous faut-il donc ?
[59] Une heure plus ou moins.
[60] Oui, c'est en effet une petite distance ! Eh bien, bon retour alors !
[61] Merci beaucoup et bonne soirée à vous !

– Jo merci ![62] Lili leur fit encore un léger signe de la main, puis fila telle une fusée, ne laissant derrière elle qu'un nuage de sable.

Décidément, cette journée était vraiment très spéciale, pensa-t-elle de retour sur la chaussée pavée. Riche en rencontres sympathiques et en surprises, dont une particulièrement plaisante et gratifiante : l'obtention de ce job. Mais là tout de suite, il s'agissait de se grouiller, si elle ne voulait pas arriver en retard au restaurant. Ryan ne la louperait pas cette fois. Et mieux valait l'avoir à la bonne – du moins, jusqu'à ce qu'ils aient discuté de son nouvel engagement et qu'ils se soient mis d'accord sur son horaire au restaurant à l'avenir. Elle effectua les dernières centaines de mètres qui la séparaient de chez elle au pas de course. Elle n'aurait le temps que de se changer et de s'asperger les aisselles de déodorant avant de speeder jusqu'au port.

---

[62] Oui, merci !

7

Folkstone, dimanche 16 février 2003, devant l'Eurotunnel

Ça faisait depuis 6:00 du matin qu'ils étaient en route. Claire avait dormi la plupart du temps et quand elle avait été éveillée, elle s'était évertuée à fixer la vitre d'un regard triste et vide sans dire un mot. Tom ne savait plus comment s'y prendre pour l'arracher à cet état de léthargie dans lequel, elle était plongée depuis l'épisode de l'anneau. Elle en faisait toute une histoire et rien n'avait pu l'en détourner. La soirée de Saint-Valentin au restaurant du *Headland* avait été un désastre. Claire ayant à peine touché à ses plats avait prétexté une migraine pour monter se coucher et ne pas assister à la soirée dansante – elle qui d'habitude adorait danser. Même l'excursion de la veille à St Ives qu'elle affectionnait tant pour ses ateliers de poterie et galeries de peinture n'avait pas réussi à la distraire de cette fâcheuse mésaventure – ce qui commençait sérieusement à peser sur le moral de Tom. Il n'arrivait pas à comprendre comment on pouvait se monter la tête pour pareille broutille. Certes, ce n'était pas une babiole de pacotille, mais de là à en faire un drame et à se confiner dans la déprime, comme s'il s'agissait d'un joyau précieux porteur d'une sorte de talismanie quelconque, il y avait quand même une marge. Cette déferlante de morosité fataliste qui habitait désormais sa compagne devait cesser à tout prix sans quoi, ses fabulations fantasmagoriques quant à la destinée de leur couple, risquaient de se réaliser. *Broyer du noir et s'attendre au pire, n'était-ce pas en définitive le provoquer ?* Comme si la perte de cette bague devait effectivement signifier la fin de leur histoire ! Déjà que les retours de vacances étaient traditionnellement imbibés d'un parfum de nostalgie, là, on frisait carrément la psychose.

Le steward lui fit signe d'avancer encore un peu plus près de la Land Rover stationnée devant eux, puis leva brusquement son bras à la verticale en signe de « stop ». Tom mit le levier de vitesse en première, baissa d'un cran les fenêtres et coupa le contact de la voiture. L'horloge de l'autoradio affichait 12:00. Tom en était agréablement surpris. Ils avaient bien roulé. La circulation moins dense des dimanches aidant, ils n'avaient pratiquement pas eu de ralentissements du côté britannique. Installés à présent à bord de leur véhicule dans le *shuttle* qui les ramenait à Calais, Tom abaissa, comme à chaque fois qu'ils effectuaient la traversée, son siège en vue de piquer un petit somme revigorant. Tout en fermant les yeux, il prit la main de Claire et la serra plus fermement qu'à l'accoutumée, comme pour lui ôter son air triste et la réconforter.

Celle-ci entrelaça ses doigts aux siens tout en pressant sa paume plus étroitement contre la sienne sans que malheureusement, ce sentiment d'inquiétude et d'incertitude quant à son destin avec Tom et l'avenir en général, ne cesse de la tarauder. D'une certaine manière, elle avait bien conscience que ses pressentiments défaitistes à propos de son couple suite à la perte de son anneau étaient totalement infondés et irrationnels. Pourtant, elle ne parvenait pas à s'affranchir de cette fébrilité anxieuse. *N'était-elle pas toutefois en train de tout confondre ?* Ces nuages sombres qui surplombaient ses pensées ne dataient pas d'hier ou plutôt dans ce cas-ci, d'avant-hier. Ils s'étaient tout simplement quelque peu dissipés le temps des vacances pour ressurgir avec d'autant plus d'intensité, dès l'instant où son anneau avait disparu dans le maquis sous la terrasse du Harbour Café. Or, l'origine de cette pulsion malsaine était à rechercher ailleurs.

Quelque part, dans les profondeurs de son subconscient, elle le savait ! La cause de ce mal-être en était en réalité l'angoisse du retour dans sa vie de tous les jours. Une vie qui, pour l'essentiel, se consumait au boulot. Un boulot qui, à l'exception d'offrir un salaire attrayant, ne lui procurait rien d'autre qu'un sentiment d'inanité abyssale immanent d'une sensation diffuse de lassitude et d'incomplétude qui s'était infiltrée en elle au fil du temps et qui à présent la submergeait. Rien qu'à l'idée de se voir franchir la porte de son bureau le lendemain matin et de constater le fatras de dossiers sur son desk, elle sentait une sueur froide parcourir son échine. Sans parler de certains de ses collègues – dont trois en particulier – à l'égard desquels il était particulièrement ardu d'éprouver autre chose que du ressentiment. Prétendre dès lors qu'elle n'était guère enchantée de les retrouver, relevait de l'euphémisme pur et simple. Avoir à écouter Romain exprimer ses regrets d'un air faussement navré, comme quoi les circonstances et autres contretemps l'avaient empêché d'avancer dans les dossiers et par conséquent de diminuer la pile qui s'amoncelait sur son bureau, lui donnait envie de l'étrangler. Quant à cette *dinde* de Saskia et son éternel sourire factice plaqué sur ses lèvres qui, comme toujours, à la moindre sollicitation impliquant de devoir donner un petit coup de collier, ne manquerait pas d'user de faux-fuyants pour botter en touche. Et enfin Gérard, le grand patron qui, sans s'enquérir ne fut-ce qu'un seul instant du déroulement de son séjour, ne pourrait s'empêcher de lui faire, comme à son habitude, une remarque acerbe quant au momentum choisi pour partir en congé. Résultat, le bénéfice de ses vacances s'évanouirait à nouveau en un claquement de doigts. Si seulement, elle trouvait le courage de plaquer ce boulot harassant et frustrant. *Mais pour quoi d'autre ?* Elle se remémorait les paroles de son père qui, la dernière fois qu'ils s'étaient téléphonés, lui avait dit :

– Ma fille, tu sais ce que tu as, tu ne sais pas ce que tu auras !

D'une certaine manière, il avait raison bien sûr, mais à force d'éviter tout risque, ne laissait-on pas s'étioler ses capacités, son potentiel et surtout sa joie de vivre ? En s'évertuant à esquiver tout déboire, ne se condamnait-on pas au final à une existence morne et désolante ? Cela étant, outre ses obligations professionnelles, Claire avait aujourd'hui un engagement envers Tom. Tant sur le plan sentimental que financier – avec l'acquisition de la maison au Limpertsberg auquel elle ne pouvait ni ne voulait se soustraire. Elle aimait Tom et était très heureuse avec lui. Aucune ombre au tableau de ce côté-là, si ce n'était à présent, cette superstition absurde et puérile liée à la perte de son anneau. Une superstition dont elle devait se débarrasser à tout prix sans quoi elle risquait fort bien de compromettre une relation jusque-là exceptionnelle – en passant aux yeux de Tom pour une siphonnée encline aux affabulations divinatoires. Les hommes n'avaient généralement aucune compréhension pour ce type de croyances et suspicions qu'ils estimaient diamétralement ridicules et typiquement féminines. Le respect et la considération à l'égard de leur partenaire s'en trouvaient le plus souvent altérés. *Or, ça, elle ne pourrait le supporter ! Plus tôt elle se ressaisirait, mieux cela vaudrait !*

Elle se donna elle-même une petite tape sur l'épaule tout en se redressant dans le même temps sur son siège, puis tourna son visage vers celui de Tom qui s'était assoupi. Comme à chaque fois qu'elle le voyait ainsi abandonné dans les bras de Morphée, une boule d'émotion l'envahissait. Le voir ainsi flanqué d'un léger sourire espiègle à peine perceptible, laissait entrevoir les traits du « petit chenapan adoré » qu'il avait été enfant, par les aïeules de la famille. *Rien n'avait d'ailleurs vraiment changé depuis !* Ses deux grands-mères, ainsi que toutes ses tantes, continuaient à lui vouer la plus vive adoration – un sentiment qu'il semblait, du reste, susciter auprès d'une majorité de femmes. Combien de fois n'avait-elle pas intercepté des regards assassins dans des soirées ou même au détour d'une rue lorsqu'ils se promenaient main dans la main et qu'ils tombaient sur d'anciennes connaissances féminines ? Jamais cependant, elle ne se serait permise de les snober ou de leur dégommer un sourire narquois. Claire ne comprenait que trop bien leur animosité à son égard et leur aigreur face à l'amour en général. L'amour, étant souvent confondu avec le sentiment amoureux et le désir sexuel, n'avait guère de chance de survivre sitôt que la flamme, la passion des débuts se mettaient à décliner et à révéler à chacun des partenaires la vraie nature, la vraie personnalité de l'autre qui, contrairement à ce qui leur était apparu au commencement de leur liaison, était loin d'être parfaite. Un rude réveil pour nombre d'entre eux, un dur retour à la réalité signifiant dans beaucoup de cas la fin de leur histoire. Quelques-unes de ses amies en avait d'ailleurs fait l'expérience et, s'il y avait bien dès lors une chose pour elle qui soit absolument irréfutable, c'était que l'amour, le vrai, celui qui est partagé, inconditionnel et sans contrainte, celui que l'on voue et que l'on vit dans le respect de l'autre et de soi-même, était un don du ciel qu'il fallait chérir et sans cesse entretenir – ce qui nécessitait vigueur et persévérance. Deux vertus, qui, au vu de certains aléas et circonstances de la vie, étaient souvent difficiles à cultiver !

Cesser de se laisser bouffer toute son énergie par son travail ! Voilà déjà une bonne résolution qu'elle se savait cependant incapable de tenir. Cela dit, pour une fois, elle n'avait pas encore allumé son BlackBerry de tout le trajet du retour et curieusement, elle n'en éprouvait aucun remord. Il serait encore bien assez tôt de s'enquérir de ses textos et d'interroger sa boîte vocale le lendemain au petit matin. La nuit serait de toute manière assurément courte. Elle se réveillerait à coup sûr d'elle-même comme avant chaque première journée de reprise après des congés, sur les coups de 4:00 sans pouvoir se rendormir. Alors, au lieu de tourner et se retourner sans cesse dans son lit tandis que sa voix intérieure lui répéterait que la journée serait pourrie, elle se lèverait sans bruit afin de ne pas réveiller Tom et irait s'installer dans la cuisine pour consulter, l'estomac noué et la gorge serrée, ses messages.

Claire soupira et passa ses mains sur son visage comme pour chasser ces images de son esprit, puis reporta son attention sur Tom qui ronflotait à présent – ce qui eut pour effet de lui soutirer un gloussement. Elle se renfonça ensuite dans son siège puis referma les yeux en se disant que, le meilleur moyen pour l'instant d'étouffer le sourd cataclysme psychique qui envahissait les moindres recoins de son esprit, c'était de continuer à somnoler jusqu'à ce qu'ils aient franchi la frontière belgo-luxembourgeoise.

8

*Newquay, jeudi 1ᵉʳ mai 2003, réception
du « Headland Hotel »*

Jour de la fête du travail et férié dans de nombreux pays du monde, hormis en Grande-Bretagne où celui-ci est traditionnellement célébré le premier lundi de mai, communément appelé *May Day* en Angleterre et en Irlande du Nord et *Early May Bank Holiday* en Écosse.

De toute manière jour férié ou pas, dans son métier, cela n'avait guère d'importance. Lili, était de service, fidèle au poste depuis 6:30 du matin et en était déjà à sa deuxième tasse de café. Elle appréciait particulièrement ce moment où tout était calme dans l'hôtel. Elle en profitait en général pour surfer un peu sur le net et lire les nouvelles via le site du *wort*[63], histoire de se tenir un tant soit peu informée sur ce qui se passait *au pays* tant sur le plan politique qu'économique. La grande nouvelle et expectation du jour était cependant, à l'instar des journaux britanniques, d'ordre international. La fin de la guerre en Irak devait être proclamée plus tard dans la journée, sur les chaînes télévisées, par le président George W. Bush en personne, depuis le porte-avions Abraham-Lincoln campé au milieu de l'océan pacifique. Lili ne savait trop qu'en penser si ce n'est qu'elle aussi – comme tant d'autres – doutait fortement de la véracité de cette annonce qui se voulait soi-disant rassurante, mais qui, avant tout, était emblématique de la puissance victorieuse américaine dans toute sa splendeur et condescendance. Cette façon de pavoiser et de toujours

---

[63] Site du quotidien *Luxemburger Wort*, leader de la presse écrite luxembourgeoise

vouloir se poser en sauveur aux yeux du monde – en l'occurrence ici en noble justicier qui au nom des victimes des attentats du 11 septembre, s'était investi de la mission suprême : combattre et châtier les terroristes par tous les moyens *et surtout par la violence, l'humiliation et l'aliénation*, ceux-là mêmes auxquels avaient recours les salafistes djihadistes d'Al-Qaïda – avait le don de l'horripiler. Lili ne doutait pas non plus que la mise en scène orchestrée pour l'occasion collerait parfaitement à la personnalité arrogante et outrecuidante du président. Secouant la tête d'exaspération, elle fit glisser son curseur sur la rubrique des faits divers lorsqu'au même moment, un petit bip annonça l'arrivée d'un nouvel e-mail. Elle bascula immédiatement dans la boîte pour le lire. Sachant que beaucoup d'Anglais profiteraient du week-end prolongé pour descendre en Cornouailles, sans oublier le mariage prévu à l'hôtel samedi, il ne restait d'ores et déjà plus beaucoup de chambres disponibles. Celles qui restaient comptaient parmi les plus luxueuses et donc fatalement, parmi les plus onéreuses.

Le message provenait d'une adresse luxembourgeoise se terminant par « .lu ».

Good Morning,

I stayed at your hotel a couple of months ago and I was wondering if you have any rooms left, for a stay between the 4th of May and the 11th of May ?

Many thanks in advance.

Kind regards,

Claire Van Meulen

Avant de répondre, Lili tapa d'abord le nom de famille de l'expéditrice dans le logiciel des réservations pour voir quel type de chambre lui avait été attribuée lors de son séjour précédent. Un nouveau bip retentit pour signaler cette fois qu'il n'y avait aucun résultat correspondant à sa recherche. Lili fronça les sourcils puis recommença avant de passer au prénom, ce qui allait à coup sûr déboucher sur une longue liste, étant donné la popularité de ce dernier. *Naturellement, la personne qui avait encodé la réservation à l'époque, avait très bien pu totalement en estropier l'orthographe !* Perfectionniste de nature, Lili allait vérifier peu importe le temps que cela prendrait chaque résultat un à un avant de répondre. Elle obtint au final 51 résultats en tout. La fonction zoom n'étant pas disponible pour cette application, elle imprima la liste pour plus de lisibilité et se plongea sans plus attendre dans une vérification minutieuse à l'aide d'une latte et d'un crayon.

9

Limpertsberg, au même moment

Assise dans la chambre à coucher face au miroir de sa coiffeuse, Claire, absorbée par ses pensées, regardait l'écran de son BlackBerry sans vraiment le voir. Tom, quant à lui, était affairé à cirer ses chaussures de bureau dans le cagibi sous l'escalier menant au sous-sol. Elle entendait le frottement énergique de la brosse à reluire sur le cuir et se demandait comment lui annoncer sa décision. Il n'existait ni de moment opportun, ni de recette miracle pour aborder ce genre de choses, mais elle ne pouvait plus reculer à présent. Il fallait qu'elle se lance. Eveillée depuis 4:30 sans parvenir à refermer l'œil, elle s'était efforcée de bouger le moins possible. Aujourd'hui était un jour férié et elle ne voulait pas que Tom ait à pâtir de ses insomnies qui n'avaient fait qu'empirer depuis leur retour de Cornouailles en février dernier. Faute de pouvoir apaiser son esprit, elle avait espéré au moins, en restant allongée dans la posture du cadavre, parvenir à reposer son corps – comme dans les séances de yoga qu'elle avait fréquentées jadis. *Ces temps-là étaient bel et bien révolus !* Sa situation au boulot n'avait fait qu'empirer au cours *des deux mois et dix-huit jours,* qui avaient suivi leur séjour au *Headland*. Romain avait démissionné et bien que ce n'ait pas été une grande perte en termes de productivité, force était de constater qu'elle regrettait malgré tout sa présence au bureau. Même si ses frasques et sa désinvolture l'avaient irritée, elle avait admiré son naturel jovial et son optimisme à toute épreuve – sans oublier que sa présence lui avait tout de même permis de négocier la prise de congés avec son employeur et donc de partir en vacances de temps en temps. A présent, elle ne disposait d'aucune perspective de ce côté-là. Jusqu'à tant qu'on lui ait trouvé un remplaçant ou une remplaçante, elle se devait d'être forte et plus que jamais fidèle au poste – *scotchée même*. Elle avait l'impression d'être au bord du gouffre. Elle se sentait si fatiguée comme si un bus lui était passé dessus. Elle n'avait plus d'énergie, plus envie de rien, même plus de Tom – comme si sa libido avait totalement disparu. En fait, elle se sentait vidée de tout sentiment d'entrain et ardeur, comme si toute son âme avait été aspirée par un « Détraqueur » échappé tout droit de l'univers d'Harry Potter. Et puis, il y avait ces douleurs diffuses et lancinantes telles des pointes de couteaux qui piquetaient, ci et là, sans raison apparente dans sa poitrine, son estomac et son dos. Ces lancements de plus en plus fréquents et de plus en plus intenses qui lui perforaient les tempes généralement en fin de journée et qui la contraignaient à prendre de plus en plus d'antalgiques. Et enfin, ces réveils en sursaut dus à cette horrible sensation qu'elle allait subitement étouffer. Tom lui avait déjà demandé plusieurs fois d'aller consulter, mais, à chaque fois, elle lui avait répondu qu'elle n'avait vraiment pas le temps de quitter son boulot en ce moment pour aller chez le médecin et que, de toute manière, ça allait sûrement disparaître tout comme c'était venu. Mais en réalité, rien ne passait. *Bien au contraire !* Et elle savait bien au fond d'elle-même que tous ces symptômes étaient des signaux que lui transmettait son corps. Une sorte de rappel à l'ordre qui, si elle continuait à l'ignorer, finirait probablement par se solder par une tumeur ou une autre maladie grave. Seulement voilà, pour être parfaitement honnête, même si elle avait eu le temps de se rendre chez un médecin, elle aurait plus que certainement annulé son rendez-vous à la dernière minute par crainte du diagnostic.

Pour ce qui était de sa santé, elle préférait de loin pour l'instant continuer à appliquer la politique de l'autruche. Autrement dit, ne pas savoir et poursuivre son automédication. *Chaque chose en son temps !* Elle devait procéder par étape et avait déjà franchi la première. A l'heure actuelle, seul son père était au courant. Elle s'était longuement entretenue avec lui la semaine dernière au téléphone. Et contre toute attente, c'était lui qui lui avait recommandé de quitter son job en déclarant :

– Claire, à chacun de tes passages ici, je constate que tu t'amaigris de plus en plus et que tu as le regard triste et fatigué. Même ton sourire est triste. Alors, si comme tu me dis, cela a à voir avec ton boulot, quitte-le !

Sur quoi, elle avait répondu interdite :

– Quoi, c'est toi qui dis ça ? Toi qui m'a toujours fait la leçon quant à l'engagement et dévouement dont doit faire preuve un salarié vis-à-vis de son employeur ! Toi qui m'a toujours répété : tu sais ce que tu as, tu ne sais pas ce que tu auras et surtout de ne jamais quitter un travail sur un coup de tête, sans avoir signé ailleurs.

– Oui, je sais bien ce que j'ai toujours prêché de ce côté-là et crois-moi, je n'ai pas changé de fusil d'épaule à ce sujet. Mais, je n'ai pas non plus envie de voir ma fille dépérir davantage.

Un bref moment de silence s'en était suivi rompu finalement par la question inévitable – dans ces cas-là – d'un père inquiet pour sa fille, qui ne peut s'empêcher d'éprouver une certaine suspicion à l'égard de tout autre homme fréquentant sa *princesse*.

– Tu m'assures bien que cela n'a rien à voir avec Tom, hein ?

– Non, papa je t'assure, cela n'a strictement rien à voir avec lui. Je te le dirais sinon.

– Tu es sûre ?

– Papa !

– Ok, ok, c'est juste qu'il se pourrait bien que tu n'oses pas me l'avouer. Tu sais, ta mère et moi, nous l'aimons bien, mais on s'en remettrait si vous veniez à vous séparer. Après tout, vous n'êtes pas mariés.

– C'est gentil à toi, mais, encore une fois, je te dis que Tom n'a rien à voir là-dedans, même si c'est vrai, que mon ras le bol au boulot a forcément des répercussions sur notre vie de couple. Ce qui me déprime d'autant plus sachant qu'actuellement, c'est justement le seul pan dans ma vie qui va et qui risque de s'écrouler aussi si je ne parviens pas à me débarrasser de ce vague à l'âme.

– Tant que vous communiquez et que vous êtes honnêtes l'un envers l'autre, il n'y a pas de raison pour que ce pan de ta vie ne s'écroule, comme tu dis !

– Ben, justement, on parle de moins en moins. On ne se dispute pas non plus mais, je sens bien qu'on est en train de s'éloigner l'un de l'autre sans que je puisse faire quelque chose. On rentre chacun tous les soirs crevés de notre journée et …

Elle s'était brusquement arrêtée, réalisant qu'elle s'apprêtait à parler à son père de l'absence de rapports sexuels entre elle et Tom ou plutôt de sa perte libido et que ce n'était définitivement pas la bonne personne à qui confier ce genre de choses.

– Et ?

– Eh bien… Chacun consulte encore son BlackBerry, y compris durant le souper, puis après on s'écroule dans le lit. Et voilà, le lendemain, c'est le même scénario qui recommence. *C'est vrai qu'en disant cela, elle s'était indirectement trahie !*

– Et les week-ends ?

– Ben, là aussi, la plupart du temps, je ramène des dossiers le vendredi soir à la maison pour essayer d'avancer dans les nombreuses affaires en suspens.

– Mais, et ton patron, il n'a pas encore passé d'annonce pour trouver un remplaçant à ton collègue qui a foutu le camp ?

– Non. En même temps, tu sais, même quand Romain était là, je croulais sous les dossiers.

– Et qu'en est-il d'une promotion alors ? Avec tout le boulot que tu abats, il te doit bien ça, non ?

– Certainement. Mais primo, sache qu'il fait partie de ceux pour qui on n'en fait jamais assez. Il attend de ses plus proches collaborateurs d'être disponible vingt-quatre heures sur vingt-quatre. Autrement dit, tout ça pour lui, c'est tout à fait normal ! Secundo, il ne voit que par le fric et la rentabilité. Et mon petit doigt me dit que, voyant que la boîte parvient à tourner correctement avec un collaborateur en moins, il verrait mal pourquoi il débourserait son précieux magot pour engager un remplaçant, du moins pour l'instant. Et enfin tertio, qui dit promotion, dit encore plus de boulot et encore plus d'engagement ! Or, je ne vois vraiment pas à l'heure actuelle, comment je pourrais encore en faire plus.

– Alors, fais ce que je te dis ma fille, quitte ton travail ! Après tout tu es encore jeune. Et ta formation d'économiste recouvre de nombreux domaines. Je suis persuadé que tu n'auras pas de mal à trouver rapidement un nouveau poste.

– Le problème, c'est que je n'ai vraiment pas la force en ce moment de me mettre en quête d'un nouveau job. Je me sens vidée, larguée. Incapable de savoir quel job dans quel domaine me motiverait. Je n'ai tout simplement pas les idées claires.

– Rien ne presse, on est là, tu le sais bien.

– Ce n'est pas ça papa ! Même si j'ai passé l'âge de vivre à vos crochets, je sais bien que je peux compter sur vous et je vous en remercie.

Mais, rassure-toi, j'ai mis pas mal d'argent de côté, ce qui devrait me permettre de vivre correctement six mois, voire plus, sans travail. Le problème, c'est cette sensation d'échec et de honte que j'éprouve à l'idée d'annoncer une telle intention à Tom.

– Que je sache, tu ne vas pas lui annoncer que tu le quittes lui, mais ton travail. Et je suis persuadé que, tout comme nous, il doit pas mal s'inquiéter de ta perte de poids et de ta mine effroyable.

Je suis sûr que, si il tient vraiment à toi, il comprendra et te soutiendra dans ta décision. Tu sais, aucun homme n'aime avoir à ses côtés une femme qui dépérit.

– Merci beaucoup Papa. Tu m'es vraiment d'un grand réconfort !

– Ecoute, tu veux que je sois honnête, donc je le suis.

– Je sais bien et tu as absolument raison. Je décrépis et je sais bien que Tom mérite autre chose. Il ne se plaint jamais, ne me fait jamais aucun reproche. Au contraire, si tu savais à quel point il est adorable et aux petits soins pour moi. Je n'ai jamais vu quelqu'un d'aussi formidable et de patient que lui. Et moi, je me sens si nulle parfois quand il m'arrive de le rabrouer à cause du chaos que je vis quotidiennement au bureau. Ne suis-je pas dans le fond tout simplement inapte au bonheur et profondément égoïste de croire qu'on peut tout avoir ? Être heureuse en amour et épanouie dans son travail ?

– Oh là, arrête-moi ça tout de suite, veux-tu ! On nage en plein délire-là ! Crois-moi, tu n'en attends pas trop. C'est on ne peut plus normal d'avoir envie de trouver un travail qui te plaise et qui te satisfasse pleinement. Et je suis sûr qu'il existe quelque part. Mais là tout de suite, tu as d'abord besoin d'un break, de prendre du recul et de faire le point, histoire de savoir ce que tu cherches vraiment. Tu n'es peut-être pas obligée de quitter ton poste actuel tout de suite ? Tu pourrais demander un congé sans solde par exemple !

– Tu rigoles ? Mon chef n'acceptera jamais !

– Alors, tu n'as pas d'autre choix, Claire. Démissionne !

Et c'est ce qu'elle avait fait. Elle avait posté sa lettre hier soir. Gérard la recevrait vendredi, en d'autres termes, demain. Elle aurait en principe un mois de préavis mais, avec tous les congés qui lui restaient, elle ferait en sorte d'en être dispensée. *Et même s'il venait à lui proposer le double, voire le triple de son salaire pour la faire rester, c'était hors de question et décidé ! Elle ne reviendrait pas en arrière !* Mais pour l'heure, il fallait qu'elle descende et qu'elle parle à Tom. Qu'elle lui dise qu'elle avait démissionné et qu'elle lui annonce dans la foulée qu'elle partait d'ici trois jours en Cornouailles. *Seule !* Comment allait-il le prendre ?

***

Tom alternait sifflotements et crachotis tout en frottant et frottant jusqu'à tant que le cuir reluise tel un crâne chauve. Cette occupation concourait d'ordinaire à lui vider la tête, mais pas aujourd'hui. *Qu'avait donc Claire bon sang ?* Depuis qu'ils étaient revenus des Cornouailles, elle avait encore perdu du poids et était devenue plus irritable qu'un ado en pleine puberté. Il ne savait plus comment s'y prendre avec elle. Elle s'emportait pour un rien et à chaque fois qu'il lui demandait ce qui n'allait pas, elle répondait par des : Bah, c'est le boulot ! ou : ce n'est rien, ne t'en fais pas, je suis juste un peu fatiguée. Ça va passer !

Tu parles ! Il n'était pas aveugle tout de même. Il voyait bien que ça n'allait pas. *Pas du tout même !* Mais détestant par-dessus tout, les situations conflictuelles, il n'insistait pas et préférait la laisser en paix. Dans ces moments-là, il se retirait dans son bureau tandis qu'elle montait dans leur chambre travailler sur son laptop. Au final, l'un comme l'autre restait sur sa faim, ne sachant plus trop ce qu'il convenait de faire pour approcher son partenaire. *Qu'attendait-elle de lui ? Qu'il persiste à la questionner, qu'il creuse jusqu'à crever l'abcès, si tant est qu'il y en ait un ? Après tout, ce n'était peut-être vraiment que son boulot qui la mettait dans cet état !* Toujours est-il que son affliction permanente, son irascibilité et ses sautes d'humeur le tiraient lui aussi de plus en plus vers le bas. En conséquence, il ne pouvait s'empêcher de ruminer et de chercher sa part de responsabilité dans ce qui arrivait à sa compagne. Elle était de plus en plus distante et inaccessible. Le soir au coucher, dès qu'il l'effleurait, tout son être se crispait et exprimait le refus de se laisser toucher. Elle se défilait alors encore derrière son boulot en rappelant qu'elle devait se lever tôt le lendemain et qu'elle était crevée. Elle lui plantait alors un smack sur la bouche et lui disait « bonne nuit ». Si sa mémoire ne le trahissait pas, ils n'avaient plus fait l'amour depuis leur retour de vacances en février dernier. Côté intimité, c'était donc le calme plat et autant dire qu'il n'y avait guère d'espoir qu'une quelconque tornade n'éclate dans les prochains jours. Elle qui autrefois s'embrasait et répondait au quart de tour à chacune de ses avances, chacune de ses allusions, ne faisait plus aujourd'hui que d'esquiver ses étreintes et effusions. Outre son ego, c'était aussi leur complicité à la fois tendre et grisante qui s'en trouvait menacée. Et par extension, leur relation de couple, dont tout portait à croire, qu'elle avait commencé à s'en désinvestir. *N'avait-elle donc plus envie de lui ? Ne l'aimait-elle plus tout compte fait ? Lui en voulait-elle de l'avoir entraînée à venir se terrer ici au Luxembourg ? Dans ce pays gris et pluvieux, comme elle se plaisait à le répéter si souvent ?* Un pays où il était parfois compliqué de nouer des liens d'amitié avec les autochtones, d'autant qu'ils se faisaient rares dans leur domaine d'activité. Il l'avait bien sûr présentée à ses amis qui, l'avaient d'ailleurs immédiatement adoptée mais, peut-être que ça ne suffisait pas. *Peut-être avait-elle besoin d'avoir ses propres amis !* Elle ne fréquentait personne ici, en dehors de lui, sa mère et ses potes à lui. Personne à qui se confier sinon à lui et même ça, elle ne le faisait plus. *Craignait-elle de l'ennuyer ?* Il reconnaissait volontiers qu'il avait probablement manqué de tact à l'une ou l'autre occasion, lorsqu'elle se plaignait de son travail, de ses collègues et de son supérieur. Il aurait probablement dû faire preuve de plus d'empathie à son égard. *Hommes et femmes ne fonctionnent pas de la même manière ! C'était bien connu !* Et pourtant, il n'en avait pas tenu compte. Au lieu de ça, il lui avait reproché de ne pas être assez téméraire et de prendre les choses beaucoup trop à cœur. *Rien de plus normal après cela qu'elle se cantonne dans le silence !* A présent, ils se parlaient de moins en moins, y compris les week-ends où jours fériés comme aujourd'hui. Son horloge interne l'avait comme tous les autres jours où il partait travailler, tiré de son sommeil – quasi à la minute près – sur les coups de 6:30. Ils s'étaient fait un smack rapide en guise de bonjour, puis il était parti courir sans même lui proposer de l'accompagner, sachant d'avance que c'était peine perdue, vu qu'elle déclinait d'emblée tout ce qui pouvait la détourner de ses dossiers et de son laptop. Lorsqu'il était rentré, elle avait déjà pris son café et sa douche et devait probablement être assise maintenant en face de la commode ou sur leur lit, occupée à pianoter sur son PC portable ou sur son BlackBerry. Il redoutait ce type de discussion, qu'il avait sans aucun doute repoussé depuis déjà bien trop longtemps, car c'était clair qu'ils étaient en train de s'éloigner l'un de l'autre. Et il pressentait que s'il laissait la situation s'enliser davantage dans cette routine, il y avait péril en la demeure et surtout un grand risque qu'ils n'atteignent le point de non-retour. Lui, qui n'accordait à l'ordinaire aucun crédit à ce qu'il prenait pour des inepties, des superstitions de bonnes femmes, était forcé de reconnaître que la malédiction de l'anneau d'argent englouti dans la botanique cornouaillienne n'était peut-être après tout pas aussi rocambolesque que cela. Or, il ne voyait pas très bien comment le récupérer. *Autant chercher une aiguille dans une meule de foins*, comme l'avait si bien dit le propriétaire du restaurant. Il pouvait bien sûr retourner dans cette petite boutique et lui en acheter une autre, mais il savait pertinemment que pour Claire ce ne serait pas la même chose. *C'était psychologique !* Dans la tête de sa compagne, c'était cette bague-là qui était particulière – la première qu'il lui ait offerte. Et quand bien même, il se procurerait une machette, une bonne paire de gants et un détecteur de métaux, il avait peu de chances de retrouver cet anneau dans cette broussaille. En admettant qu'il soit prêt à tenter le coup, il ne pouvait cependant pas prendre congé dans l'immédiat. On était en pleine saison des assemblées générales, autrement dit, en plein milieu des détachements et paiements de dividendes, ce qui requérait de réajuster toutes les positions dans les books. Et en sa qualité de responsable, il devait être présent pour superviser, contrôler et surtout répondre auprès de ses supérieurs des marges générées et du P&L[64] obtenu. Poser des congés durant cette période qui, s'étale habituellement du 15 avril au 30 juin, était forcément très mal vu. De ce côté-là, il était coincé et n'avait d'autre choix que de patienter et de monter la garde derrière ses écrans Bloomberg et Reuters. En revanche, côté vie privée, il ne pouvait pas continuer à poireauter dans l'incertitude. Il devait absolument avoir une discussion avec Claire. Il inspira et expira donc profondément afin de se donner du courage, puis referma doucement la porte du cagibi. D'un pas lourd, il avança lentement vers l'escalier puis appela : Claiiiire …

---

[64] Profit and Loss / pertes et profits

10

*Newquay, au même moment à la réception
du « Headland Hotel »*

De deux choses l'une, soit cette Claire Van Meulen avait précédemment voyagé sous un pseudonyme, soit elle avait été accompagnée et dans ce cas, la réservation avait tout naturellement été enregistrée au nom de cette personne. *Peu importe ! Il n'y avait plus de temps à perdre maintenant !* En lançant cette recherche, Lili avait simplement cherché à savoir à quel type de cliente elle avait à faire, afin d'avoir une idée du budget que cette dernière était prête à mettre pour un séjour au *Headland* et de pouvoir déterminer si cela valait la peine de gaspiller son énergie à établir une offre en bon et due forme, ou s'il n'était pas préférable – vu le choix restreint de chambres encore disponibles, en raison du *May Day bank holiday weekend* et du mariage prévu à l'hôtel samedi – de couper court à cette demande en répondant poliment par la négative. Un dernier coup d'œil sur le logiciel de réservation indiqua à Lili qu'il ne restait d'ores et déjà plus qu'une *Ocean View* à cent-cinquante-cinq livres. Toutes les autres qui restaient appartenaient à la catégorie dite *deluxe* dont les tarifs *full english breakfast* compris oscillaient entre deux-cent-quarante-cinq et deux-cent-soixante-cinq livres sterling. Si on ajoutait à cela le repas du soir qui, selon la formule choisie, pouvait comprendre deux ou trois plats, il fallait compter entre trente et trente-cinq livres sterling en plus. Convertis en euros, ces chiffres représentaient tout de même une sacrée petite somme à débourser. *Tout le monde ne pouvait pas se le permettre ! En tout cas, pas elle !* Mais ce n'était pas d'elle dont il était question et il était fort à parier que cette personne qui venait du Luxembourg gagnait bien sa vie. *Alors autant lui soumettre une offre !* Elle se mit donc à la rédiger, non sans éprouver une petite pointe de jalousie à l'égard de cette nana qui était peut-être non seulement aisée sur le plan financier, mais en plus de cela heureuse en amour. Son mail ne précisait pas en effet si elle désirait une chambre simple ou double. Tout en haussant les épaules et en affichant une moue de résignation, Lili se dit que la vie était ainsi faite. Les uns avaient tout, les autres rien ou presque rien. Certains naissaient sous une bonne étoile, d'autres pas. C'était comme ça et même si cela semblait injuste, il fallait bien faire avec. Elle vérifia qu'elle avait bien indiqué qu'il devait s'agir en cas d'acceptation d'une réservation ferme, auquel cas et étant donné la forte demande pour cette période, la chambre serait attribuée à d'autres personnes. Elle la priait, par conséquent, de lui fournir une réponse au plus vite, tapa la formule de politesse habituelle puis cliqua sur *Send*.

11

Limpertsberg, au même moment

Ding ! L'alerte du BlackBerry de Claire lui signifiant l'arrivée d'un nouveau message l'arrêta net au-dessus de l'escalier qu'elle s'était apprêtée à descendre au moment où Tom l'avait appelée. Elle courut dans la chambre le récupérer sur le lit en lançant : Kommen[65], mais lorsqu'elle se retourna, elle vit qu'il se tenait déjà là, appuyé contre le chambranle de la porte, les bras croisés et un sourire contrit sur les lèvres.

– Claire, pourrais-tu laisser ce BlackBerry un instant, s'il te plaît ? J'aimerais qu'on parle un peu tous les deux.

Oups, c'était bon signe ça ? D'une certaine manière, il lui facilitait la tâche en prenant sur lui, d'engager le dialogue. Mais, pour le coup, elle craignait terriblement ce qu'il avait à lui dire. Elle sentit brusquement son sang se glacer ainsi qu'une énorme boule envahir son estomac. Tout son être se mit à trembler. Quelque part, dans son for intérieur, elle ne s'était pas attendue à ce que ce soit lui qui prenne l'initiative. A présent et alors qu'elle avait redouté autant qu'elle avait désiré avoir une discussion avec lui, elle appréhendait ce qu'il s'apprêtait à formuler. *Peut-être voulait-il lui annoncer qu'il souhaitait rompre ?* La dernière chose au monde qu'elle voulait. Son cœur battait maintenant à tout rompre, ses oreilles bourdonnaient, ses mains devinrent toutes moites, si moites

---

[65] « J'arrive » en luxembourgeois.

qu'elle en lâcha son BlackBerry qui alla se fracasser sur le parquet.

– Oh non ! jura-t-elle en cachant son visage dans ses mains.

Tom se précipita vers elle, s'agenouilla pour ramasser l'appareil, puis appuya sur les touches pour vérifier s'il marchait toujours.

– Tu vois, dit-il en soufflant sur l'appareil, ce maudit engin fonctionne toujours. Il ne faut pas tout de suite paniquer comme ça !

– Tu as raison, répondit-elle d'une voix étranglée tout en tendant une main chevrotante vers celle de Tom pour récupérer son BlackBerry.

– Mais tu trembles de tous tes membres, dis-moi ? Est-ce que ça va ?

Il n'eut pas le temps d'en dire davantage que déjà Claire, les yeux révulsés, s'effondrait sur le sol.

– Merde, cracha-t-il en se jetant à genoux devant elle. Claire ! CLAIRE ! Eh, tu m'entends ? Ça va ?

D'un regard vide et absent, elle le fixait. Outre ses yeux grands ouverts, elle ne montrait aucune réaction. *Merde, merde, merde* grinça-t-il tout en continuant à l'appeler et à la secouer. Claire de son côté n'avait en réalité jamais ressenti un tel état de béatitude. Elle avait l'impression de planer. Hormis ses sens, tout son corps semblait paralysé. Elle voyait Tom s'agiter autour d'elle, l'entendait l'appeler au loin, sentait sa main lui passer doucement un gant de toilette humidifié sur son visage sans parvenir à bouger un membre. C'était une sensation à la fois bizarre, déconcertante mais enivrante. Et si c'était à cela que ressemblaient les effets sensoriels prodigués par l'injection de drogues, elle comprenait mieux pourquoi il était si difficile pour les toxicomanes d'arrêter. Elle sourit intérieurement en se sentant soulevée dans les airs – ou était-ce extérieurement ? Tom venait de l'allonger sur l'édredon et la couvait à présent d'un regard attendri et soulagé.

– Ça va mieux on dirait, fit-il en lui pressant doucement l'épaule. Claire, tu m'entends ?

Elle battit des cils comme si elle venait de se réveiller d'un long sommeil, entrouvrit légèrement les lèvres puis souffla un faible : Oui.

– Ok, ok. Ce n'est rien. Tu as fait un malaise. Enfin, non ce n'est pas rien, reconnu-t-il en se passant une main dans les cheveux, mais reste allongée calmement, je vais te préparer un thé sucré. Ne bouge pas, d'accord ?

Il se leva, l'embrassa sur le front et descendit dans la cuisine.

Claire, encore toute étourdie, fixait d'un air ébahi le lustre suspendu au plafond. *Que venait-il donc de lui arriver ? Une chute de tension ? Une syncope ?* Elle n'aurait su le dire. En tout cas, elle se sentait à présent si détendue qu'elle ne regrettait vraiment pas cet incident. En même temps, ce n'était sûrement pas à prendre à la légère. Peut-être était-ce d'ailleurs un signe avant-coureur de quelque chose de plus sérieux qui se tramait dans son organisme ? Elle avait déjà probablement attendu trop longtemps avant de reprendre les rênes de son existence – en commençant par démissionner. Cette défaillance était une preuve supplémentaire et irréfutable qu'elle était complètement à bout. Qu'après des mois de stress et de tension, ses nerfs si longtemps à vif, étaient à présent – que sa lettre de démission était envoyée – en train de se relâcher. La pression retombait et ce malaise faisait partie des effets secondaires. Une des ampoules du plafonnier halogène se mit subitement à clignoter, puis s'éteint définitivement, ce qui provoqua un déclic dans sa tête. Elle venait tout à coup de se rappeler que, peu avant qu'elle ne s'écroule par terre, son BlackBerry avait émis un son d'alerte. Claire se redressa lentement – sa tête tournant encore un peu. Prenant ensuite appui sur la table de nuit à côté d'elle, elle vit l'appareil trôner à côté de l'abat-jour. Elle l'attrapa et le déverrouilla. C'était un message de la réception du *Headland*. Elle l'ouvrit, le lut et s'empressa de répondre avant que Tom ne remonte.

Dear Ms Müller,

I'm glad to confirm that I'll take the Ocean View Room if it's still available.

Please consider this as a firm booking. I'll call you later to give you my credit card details.

Many thanks in advance.

Best regards,

Claire Van Meulen.

Son message envoyé, Claire reposa son BlackBerry à côté d'elle sur la table de nuit et, tout en attendant le retour de Tom, se mit à réfléchir au choix des mots qu'elle allait employer pour qu'il ne comprenne pas tout de travers. Le mieux étant de toute façon de le laisser parler en premier, d'autant que c'était lui qui, avant qu'elle ne s'effondre, avait évoqué la nécessité d'une discussion.

***

Décidément, s'il avait su ! Si seulement il avait pu imaginer, ne serait-ce qu'une seule seconde, ce qui allait se passer lorsqu'il avait demandé à Claire de bien vouloir oublier un petit moment son satané BlackBerry pour qu'ils discutent, il l'aurait bouclée. La voir s'effondrer comme ça sur le sol, les yeux révulsés, l'avait littéralement pétrifié – si bien qu'il lui avait fallu quelques secondes avant de pouvoir réagir. Accroupi par terre, Tom avait d'abord saisi le visage exsangue de Claire, puis constatant, qu'à travers ses paupières clignotantes et à moitié ouvertes, seul le blanc de ses globes oculaires demeurait visible, il s'était senti frappé d'un sentiment de panique jusque-là inconnu. Il s'était alors mis à hurler son nom tel un forcené, tout en lui tapotant les joues pour tenter de la ramener à elle. Dès que ses iris avaient refait surface, il l'avait soulevée et allongée sur le lit, puis avait couru dans la salle de bains pour prendre un gant de toilette, qu'il avait passé sous le robinet d'eau froide avant de le lui presser délicatement sur le front. Peu à peu, les couleurs étaient réapparues sur ses joues et elle avait enfin pu balbutier un faible « ça va ». D'un coup, il s'était senti revivre, comme si l'oxygène avait subitement réintégré ses poumons et que son cœur s'était remis à battre. Cet épisode l'avait néanmoins totalement retourné et n'était pas prêt de sortir de sa mémoire. Ce malaise était un signe manifeste que Claire n'allait pas bien, pas bien du tout même ! Il fallait absolument qu'elle se fasse ausculter par un médecin. Après pareil incident, c'était même indispensable ! Dès qu'il aurait apporté son thé à Claire, il appellerait le 112 pour savoir quel médecin généraliste assurait la garde sur le centre-ville aujourd'hui. Cela dit, il ne contacterait pas ce dernier avant d'avoir obtenu l'assentiment préalable de Claire. Avec ce qui venait de se passer là-haut, mieux valait être prudent et éviter de la contrarier en la mettant au pied du mur. De même qu'il était préférable pour le moment qu'il s'abstienne de réaborder le sujet d'une discussion. Le sifflement aigu de la bouilloire sur la plaque vitrocéramique le fit sursauter et sortir de sa rêverie. Il tourna le bouton du thermostat à zéro, l'enfonça, puis versa l'eau frémissante dans la théière. Il remplit ensuite une mini carafe de lait et disposa deux morceaux de sucre ainsi que deux *shortbreads* sur une soucoupe. Mimi qui comme toujours à cette heure de la journée, était couchée en boule sur la banquette, le dos contre le radiateur, se leva et s'étira voluptueusement à l'odeur alléchante qui se dégageait de la table au-dessus d'elle. Mais déjà Tom, muni de son plateau, disparaissait derrière l'angle de la cage d'escalier sans lui avoir daigné un seul regard.

***

– Et voilà ! lança Tom en déposant le plateau sur la commode. Puis se retournant vers elle, demanda : du lait et du sucre dans ton Earl Grey ?

– Juste un peu de lait s'il te plaît.

Au même moment, Mimi déboula comme une furie dans la chambre et sauta sur les genoux de Claire qui immédiatement la gratouilla sous le menton.

– Hop-là, tu as senti le lait toi, hein c'est ça ? Cette dernière émit pour toute réponse un petit miaulement d'approbation.

– Tu prends un biscuit ?

– Non merci, je n'ai pas très faim.

– Peut-être, soupira Tom l'air contrarié. Mais vu ce qui vient de se passer, je pense qu'un peu de sucre ne pourra pas te faire de tort.

– Oui, docteur ! Tu as sans doute raison ! admit-elle à contrecœur.

– J'aime mieux ça, répondit-il en saisissant aussitôt l'occasion pour aborder la question d'une consultation médicale. À propos, en parlant de docteur, ne crois-tu pas qu'il serait plus prudent d'essayer d'en faire venir un ici aujourd'hui ?

– Oh non, je me sens déjà beaucoup mieux, tu sais. Je préfère plutôt simplement me reposer. Mais je te promets d'en voir un bientôt, lui assura-t-elle en notant sa moue sceptique et circonspecte.

Tom s'était attendu à un « non » bien sûr, mais préféra ne pas insister pour l'instant. Après tout, elle semblait bel et bien avoir recouvré ses esprits et le timbre de sa voix était à nouveau ferme. Il l'observa plonger le bout d'un *shortbread* dans son thé avant de le croquer. *C'est bien*, pensa-t-il.

Claire releva ensuite son visage et lui adressa un sourire conciliant – tandis qu'elle réfléchissait à la manière de lui avouer sans plus tarder qu'elle venait de démissionner et qu'elle comptait partir dimanche en Cornouailles. *D'une part pour se retaper et d'autre part – mais ça, elle le garderait pour elle – pour retrouver son anneau d'argent.* Mimi était en train de jouer au ramasse-miettes sur ses cuisses. D'ordinaire, elle se serait déjà esclaffée – tellement elle était chatouilleuse. Or, en cet instant précis, elle n'avait guère le cœur à rire. Tom, bien qu'assis à côté d'elle, évitait son regard qu'il maintenait fixement rivé sur ses doigts enfouis dans la fourrure gris cendré de Mimi. Claire avala très lentement la dernière bouchée de son biscuit, hésita encore quelques secondes, puis prit une grande inspiration et se lança :

– Tom, il faut que je t'avoue quelque chose.

Ce fut au tour de Tom de sentir sa poitrine se serrer et son sang se figer. Machinalement, il ferma les yeux et détourna sa tête avant d'articuler dans un souffle :

– Vas-y, je t'écoute.

Elle s'éclaircit la gorge et déballa d'un coup, tête baissée :

– Voilà, après maintes réflexions, j'ai décidé de démissionner. J'ai posté ma lettre hier soir. Si je ne t'en ai pas parlé, c'était par ce que je craignais ton jugement. Je ne voulais pas être influencée ni dans un sens, ni dans l'autre. J'espère que tu me comprends. Elle se risqua alors à relever ses yeux pour affronter ceux de Tom qui la contemplait en arborant une mine hilare.

– Félicitations, s'écria-t-il en frappant ses deux mains l'une contre l'autre. Quelle excellente nouvelle !

– C'est vrai ? répliqua-t-elle ahurie. Tu ne penses pas que je suis totalement givrée ?

– Pas le moins du monde ! Au contraire, tu as très bien fait ! Il n'y a qu'à regarder à quel point tu es crevée et sur les nerfs ces temps-ci. À quel point tu as maigri et perdu toute ta joie de vivre pour comprendre que tu as fait le bon choix. Le seul choix qui s'impose, même !

– Tu es vraiment sérieux-là ?

– Absolument ! Je suis on ne peut plus sincère, crois-moi !

– Même si je n'ai pas de solution de rechange, ni de perspectives quant à un nouvel emploi ailleurs dans l'immédiat ?

– Parfaitement. Repose-toi quelque temps ! Rien ne presse ! Ce n'est pas comme si on était sans ressources. Je te rappelle que je travaille. Et puis d'ailleurs, poursuivit-il en recouvrant subitement son esprit badin, j'ai toujours eu envie de jouer les chefs de famille et de subvenir aux besoins des miens !

– Ah, espèce de macho, va ! lança Claire en lui jetant l'oreiller voisin à la figure.

Mimi effarée bondit du lit et se précipita dans l'escalier. Tom rattrapa le coussin au vol en riant avant de saisir les poignets de Claire et de lui planter un baiser sur la bouche. *Pas de rupture à l'horizon donc !* pensa-t-elle en se laissant aller à prolonger avec ardeur et volupté ce premier vrai baiser auquel elle s'abandonnait depuis des semaines lorsque, tout à coup, elle se souvint qu'elle n'en avait pas terminé de ses aveux. Or, si elle ne se libérait pas immédiatement de cette étreinte, la situation allait lui échapper, elle le savait. *Comment expliquerait-elle après avoir fait l'amour avec lui, qu'elle comptait partir en Cornouailles dans un peu plus de quarante-huit heures, à compter de cet instant ?* Pareille annonce lui ferait alors inévitablement l'effet d'une douche froide. Il se sentirait trompé, trahi, lui en voudrait à mort – n'y comprenant plus rien – et elle ne pourrait l'en blâmer. Elle se résolut donc dans un léger grognement de déception à le repousser doucement avec ses mains.

– Attends, attends Tom. Je n'ai pas fini, tu sais …

Il ne prêta aucune attention à sa requête et la réattira à lui, le regard brûlant de désir. Complètement désemparée, elle n'eut pourtant pas d'autre choix que de le repousser un peu plus fermement cette fois tout en brandissant son index en l'air pour qu'il l'écoute.

– Ok, c'est bon, vas-y, je t'écoute, consentit-il déçu.

Voilà, on y était ! Claire se mordilla la lèvre et se passa nerveusement une main dans les cheveux. Le sang battait à nouveau dans ses tempes tandis qu'elle réalisait que, quoi qu'elle dise, quel que soit le choix de ses mots, elle allait fatalement lui faire mal. Peut-être même, le blesser involontairement au plus profond de son âme. *Car, comment faire comprendre à quelqu'un qu'on l'aime, mais qu'en même temps, on a besoin de faire le point ? De prendre de la distance pour se retrouver soi-même ? Se recentrer ! Se reconstruire ! Et redevenir la personne joyeuse, confiante et aimante que l'on était au moment où l'alchimie avait opéré trois ans auparavant, devant une machine à café. Lui expliquer en outre que, bien que leur couple et l'amour qu'ils se portaient, soient l'un et l'autre primordiaux, ça ne suffisait pas, malgré tout ! Qu'indépendamment du cocon conjugal, elle aspirait également à l'épanouissement professionnel et social ! Qu'il en allait de son équilibre personnel et par extension de celui de leur couple. Le comprendrait-elle, elle, si la situation était inversée ?*

Tom toussota discrètement, espérant ainsi l'exhorter à lui révéler ce qu'elle avait sur le cœur.

– Euh… Oui, pardon, je réfléchissais juste à …

Elle se racla la gorge et se força à le regarder droit dans les yeux, consciente que la flamme qu'elle y avait lu quelques minutes auparavant s'éteindrait dans trois secondes.

– Je pars dimanche en Cornouailles.

Le silence de plomb qui s'ensuivit était tel qu'on aurait pu entendre une mouche voler. Tom la fixa incrédule, comme si elle venait de débarquer tout droit d'une autre planète.

– Tu sais que je ne peux pas prendre congé en ce moment.

– Je sais et tu m'as mal comprise. J'ai dit que JE partais, ce qui signifie que je pars seule.

Le regard de Tom s'assombrit. Sa lèvre inférieure se mit à trembler, puis d'une voix grinçante, dont il ne maîtrisait apparemment plus très bien le volume, il s'écria :

– QUOI ???

Notant le mouvement de recul de Claire, Tom ferma les yeux et prit une profonde inspiration. Crier ne lui ressemblait pas. Excuse-moi, reprit-il, confus de sa propre réaction. Mais ai-je dit ou fait quelque chose qu'il ne fallait pas ?

– Tu n'y es pas du tout. C'est moi, soupira-t-elle tristement.

– Mais enfin, tu m'annonces d'abord que tu quittes ton travail, puis que tu t'en vas seule en Cornouailles. C'est quoi le prochain épisode ? Me quitter ?

Aïe ! Claire se sentit subitement misérable. Pour autant qu'elle se souvienne, elle ne se rappelait pas l'avoir jamais vu comme ça. Elle détestait le voir dans cet état, par sa faute.

– Non, je n'ai pas l'intention de te quitter ! Je t'aime et tu le sais, déclara-t-elle en observant les traits de Tom se détendre. J'ai juste besoin de me ressourcer ! Rappelle-toi, ces derniers mois où tu m'as si souvent toi-même seriné que je restais calfeutrée sans cesse soit au bureau, soit entre les quatre murs de notre chambre à coucher à ne vivre que pour le boulot. Je ne fais que suivre ton conseil ! Me changer les idées et changer d'air ! Si je reste ici, je vais continuer à ruminer et à broyer du noir, ce qui ne nous avancera pas ! Outre mon break dans ma carrière professionnelle, il me faut également en faire un dans ma tête. Celui-ci sera d'autant plus profitable et efficace qu'il sera aussi géographique. Il faut que je me reprenne en mains, tu comprends ?

– Ok, d'accord. Je vois ce que tu veux dire et je suis tout-à-fait de ton côté. Cela dit, tu ne peux tout de même pas partir comme ça ! N'oublie-pas que tu as un préavis à prester tout de même !

– Oui, eh bien, avec tous les jours de congés cumulés qui me restent depuis le début de mon contrat, je demanderai à Gérard de m'en dispenser.

– Mais ce n'est pas légal ! Et puis, ça ne se fait tout simplement pas !

– Je m'en fiche et de toute manière, je ne lui laisserai pas le choix ! Ça fait trop longtemps que je me laisse faire et que je subis. Et crois-moi, il n'osera pas m'ennuyer en termes de législation.

– Ah, tu crois ça ! À ta place, je n'en serais pas si sûr !

– Au contraire, j'en suis certaine !

– Comment ça ?

– Eh bien, par exemple, il ne voudra certainement pas risquer que je lui colle l'Inspection du Travail et des Mines sur le dos pour irrégularité excessive en matière de prestation des heures supplémentaires de ses employés. Et ce n'est là qu'une des nombreuses cartes que je détiens dans mon jeu pour le dissuader de me contraindre à prester mon préavis.

– Ok, d'accord. Tu as raison, mais si tu patientais une semaine ou deux, je pourrais peut-être arriver à m'arranger au bureau pour partir avec toi.

– Peut-être ? Non, tu vois, c'est maintenant, tout de suite, que je veux partir. Puis, ne le prends pas mal Tom, mais je pense que j'ai vraiment besoin de me retrouver un peu seule. Surtout ne va pas t'imaginer que c'est contre toi, mais ces derniers moi – tu me l'as d'ailleurs répété assez toi-même – je ne vivais plus que pour mon boulot. Et je sais bien que je t'ai pas mal délaissé. C'est pourquoi justement, je veux me recentrer, être à nouveau plus présente et disponible pour toi, pour mes proches. Réapprendre à vivre dans le présent et non plus dans l'urgence, à dédramatiser et à prendre conscience de ce qui est vraiment important dans la vie : toi et notre relation bien-sûr, mais pas seulement. Tu me comprends ?

Bien-sûr qu'il la comprenait. Il avait assisté en direct à sa décrépitude durant tous ces mois. Par ailleurs, lui aussi avait parfois l'impression de n'être qu'un pion pour son patron et de courir sans cesse après le temps, sans jamais pouvoir le rattraper ou, à tout le moins, l'apprivoiser.

– Je crois bien que oui, admit-il à contrecœur. Même si c'est dur de te laisser partir ! Tu vois, tu m'annonces de but en blanc que tu as démissionné et que tu pars prendre du repos en Cornouailles. Maintenant et bien que tu dises m'aimer, qui me dit que tu ne vas pas m'annoncer d'ici quelques jours que tu me quittes quand même pour de bon ? J'ai tout simplement peur de te perdre.

– Au contraire, si on continue comme ça, c'est moi qui risque de te perdre ! C'est précisément parce que je tiens infiniment à toi et à ce que nous avons construit ensemble jusqu'ici, qu'il est impératif que je prenne de la distance pour me requinquer afin de pouvoir aborder les choses avec plus de sérénité à l'avenir. Je pars, non pas pour te quitter, mais pour mieux revenir !

Partir pour mieux revenir, voilà une phrase pleine de promesses qui finit par avoir raison des réticences de Tom.

– Et tu comptes rester là-bas combien de temps ?

– Je ne sais pas trop. J'ai réservé dans un premier temps du dimanche au dimanche suivant. Mais de toute manière, avec le prix auquel me revient la chambre, je ne pourrai pas rester ad vitam aeternam.

– Et tu es sûre que tu ne vas pas t'ennuyer ? Que vas-tu faire là-bas toute seule ?

– Dormir, sourit-elle. Faire de longues randonnées et dans sa tête, elle rajouta : *chercher ma bague.*

– Et tu vas te rendre comment à Newquay ? En voiture ?

– Non, gloussa-t-elle en repensant au peu de cas que Tom faisait de sa manière de conduire. Il y a un vol trois fois par jour qui relie l'aéroport de *London Gatwick* directement à Newquay.

– Ouf, s'exclama-t-il. Me voilà rassuré !

– Je m'en doute, répondit-elle mi-boudeuse, mi-taquine.

À son tour, il esquissa un faible sourire. D'ordinaire, ils auraient poursuivi sur leur lancée et se seraient tendrement chamaillés jusqu'à la réconciliation sur l'oreiller. Mais en songeant au sérieux de la situation, Tom ne pouvait s'empêcher de craindre que cette escapade ne soit l'annonciatrice d'une rupture imminente – le début de la fin de leur histoire en somme ! *Et si cette remise en question, à priori juste professionnelle, n'était au fond que la première étape d'une introspection personnelle plus fondamentale ?* A partir de trente ans, il était communément admis que l'horloge biologique des femmes commençait à tiquer plus fort. Lui et Claire, n'avaient jamais encore abordé la question d'avoir des enfants. Cela faisait des années qu'elle prenait la pilule et par peur de l'oublier, elle lui avait même demandé de vérifier chaque soir sa prise. *Mais peut-être bien qu'à présent qu'elle avait elle aussi franchi le cap de la trentaine, son horloge biologique s'était-elle mise à la titiller ? Peut-être avait-elle atteint cette phase de transition où tout à coup la procréation surplombe tout, votre corps, votre cœur et votre esprit ? Et où l'existence devient vaine, si vous ne pouvez pas mettre au monde et pouponner ?* Tom avait d'ailleurs à ce sujet récemment surpris certains débats entre collègues féminines de la même tranche d'âge. L'une d'entre elles avait clairement reconnu qu'elle se sentirait inachevée et incomplète s'il ne lui était pas donné l'opportunité d'enfanter avant d'avoir atteint trente-six ans. Lui, en revanche, n'avait jamais vraiment réfléchi à la question peut-être bien aussi, parce qu'il estimait que c'était davantage un souhait et un besoin inhérent à la nature de la femme. En réalité, il n'avait même aucune opinion sur les enfants. Ses cousins et cousines en avaient une ribambelle qu'il ne voyait que deux fois par an, lors des fêtes de Noël et de Pâques. *Bruyants, désobéissants et crades*, voilà ce qu'il en retenait ! Mais probablement qu'avec une éducation plus ferme et rigoureuse, ces petits monstres ne seraient pas devenus ce qu'ils étaient. Quoiqu'il en soit, il était peut-être venu le temps pour Tom de considérer la paternité.

– Eh oh, à quoi tu penses ? interrogea Claire en lui touchant l'avant-bras. On dirait que tu es à des années lumières d'ici !

– Euh, à rien de précis, mentit-il en se tirant intérieurement les oreilles. Mais il ne se sentait pas prêt à s'aventurer sur ce terrain-là tout de suite. *Devenir père ou mère était une sacrée responsabilité et autant dire qu'aussitôt que le sujet serait lancé, il ne pourrait plus reculer…*

– Allez, viens. Serre-moi dans tes bras plutôt, dit-elle d'une voix enjôleuse.

Il ne se fit pas prier. Leurs lèvres se cherchèrent très vite, leurs cœurs s'emballèrent. Les vêtements atterrirent de part et d'autre sur le sol. Ce soir-là, ils firent l'amour comme jamais auparavant. Non pas parce qu'ils avaient peur que ce soit la dernière fois, mais bien parce que l'un et l'autre avait à cœur de laisser son empreinte dans l'âme et sur le corps de l'autre. Une sorte de tatouage gravé au fer rouge, censé sceller une sorte de pacte illustrant qu'ils appartenaient l'un à l'autre. Et que quoiqu'ils fassent, quoiqu'ils tentent, il en serait ainsi. Jamais, ils ne pourraient effacer la marque de l'autre ! Jamais, ils ne pourraient s'oublier, quand bien même ils essayeraient !

12

Aéroport du Findel, dimanche 4 mai 2003

– Tu as bien ta carte d'identité ?

– Oui, répondit Claire mi-amusée, mi-irritée.

Le vol était à 10:30 et il était 9:20. Tous deux lorgnaient les deux employés qui discutaient et rigolaient derrière le comptoir d'enregistrement encore fermé.

– Et elle est bien valide ?

– Mais oui, rétorqua Claire en lui lançant un regard courroucé.

– Oui bon, excuse-moi, mais te souviens-tu, il y a un an, quand, arrivé devant le guichet d'embarquement, ils m'ont remballé parce que ma carte était expirée depuis à peine un mois ?

– Oh oui, je m'en souviens comme si c'était hier, crois-moi ! On avait eu très chaud et il était moins une qu'on ne soit obligé de tout annuler si l'agent de l'unité centrale de Police de l'Aéroport ne s'était pas montré aussi compréhensif en acceptant que tu ne rédiges une attestation sur l'honneur qu'il a ensuite cachetée. On peut vraiment dire qu'il a sauvé nos vacances ce jour-là !

– Oh que oui, souffla Tom tout en piétinant à côté d'elle d'un pied sur l'autre, ce qui la rendait nerveuse.

– Écoute, vas-y, je peux y arriver toute seule tu sais ? Merci de m'avoir déposée.

– Mais dis, s'insurgea Tom, c'est la moindre des choses, quand même !

– N'empêche, merci ! Ça aussi, pour moi, c'est la moindre des choses, répondit Claire en se hissant sur la pointe des pieds pour lui faire un gros smack avant de poursuivre : allez, vas-y maintenant s'il te plaît. Les adieux dans les aérogares, c'est glauque.

Il la dévisagea d'un air défait et murmura d'un ton suppliant :

– Sauf qu'il ne s'agit pas d'un adieu …

– Non, chuchota-t-elle, les yeux rivés aux siens espérant ainsi le convaincre de sa sincérité.

– Ah, tiens, s'exclama Tom en quittant son regard au bout d'un instant. Ça y est, ils viennent d'ouvrir le guichet.

L'un et l'autre avancèrent vers l'employé. Claire tendit sa carte d'embarquement ainsi que sa carte d'identité. La regardant brièvement, l'employé procéda en quelques clics à l'enregistrement des bagages de Claire puis lui rendit ses documents en bredouillant de manière précipitée et à peine audible : Bon voyage !

– Voilà, ça y est. Me voilà contraint au célibat temporaire, soupira Tom, tristement.

– Tu serais bien le seul homme qui se plaigne de retrouver son indépendance, du moins pendant quelques jours. Déguste-la ! Profites-en pour faire des sorties avec tes copains. Quelques soirées entre potes, ça ne se refuse pas et puis c'est sacré pour vous les mecs, non ?

– C'est vrai ! Mais, tu sais, je ne me suis jamais senti coincé ni enfermé par toi.

– Ravie de l'apprendre !

– Mais, et toi ? Tu te sens parfois coincée avec moi ? Je t'étouffe ? C'est pour ça que tu pars ?

– Mais bien sûr que non enfin ! rétorqua Claire, exaspérée avant de se radoucir immédiatement en constatant la mine décomposée de Tom. On en a discuté longuement, non ? Je t'ai dit que je voulais me recentrer et redevenir moi-même. Celle de quand on s'est rencontré ! Car là, je ne me reconnais plus et je suis sûre que toi non plus, d'ailleurs ! Mais sois sûr d'une chose, c'est que le marasme moral dans lequel je me morfonds depuis des mois n'a strictement rien à voir avec toi ! C'est entièrement dû à ce que j'ai eu à subir au boulot ! Toutes ces péripéties et circonstances fâcheuses avec lesquelles j'ai eu à composer et qui m'ont peu à peu pourri la vie au point de ne plus parvenir à distinguer l'essentiel du superflu. Je suis devenue une boule de nerfs ambulante ! Une chieuse qui râle tout le temps pour et sur tout ! Qui ne fait plus que de se plaindre et de s'apitoyer sur son sort alors que, en remettant les choses en perspective, je fais partie des privilégiés ! Je devrais avoir honte et d'ailleurs, j'ai honte ! Je souffre d'être comme ça et de faire en même temps souffrir ceux qui me sont chers, en leur infligeant ma tronche et mes humeurs maussades. Ça doit cesser ! Mais pour y arriver, il me faut absolument me débarrasser de toute cette colère accumulée suite au sentiment d'injustice éprouvé au travail durant tous ces derniers mois. Moi seule, peux et dois y parvenir ! Voilà à quoi sert ce petit périple en solitaire !

Puis, d'un air taquin, elle conclut : et d'ailleurs, tu verras que le fait de ne pas avoir à me subir durant quelques jours, ça te fera le plus grand bien ! Des vacances, même !

– Ça, ça reste encore à prouver, ironisa Tom. Tu ne me laisses de toute manière pas le choix ! Bon, c'est vrai, je l'admets, tu as été un peu vilaine ces temps-ci, puis tout en entourant de ses deux bras la taille de Claire, il se pencha vers elle et lui murmura à l'oreille : en tout cas, tu vas énormément me manquer.

– Toi aussi, reconnut-elle d'une voix chargée d'émotion avant de s'abandonner à son étreinte. Ils demeurèrent serrés l'un contre l'autre un bon moment. Claire fut la première à se détacher doucement. Incapable sous le coup de froid qui venait de la submerger, de prononcer un seul autre mot, elle fit au revoir de la main, se retourna précipitamment et franchit la porte en verre coulissante automatique du terminal d'embarquement. Consciente que si elle se retournait, elle n'arriverait pas à contenir ses larmes, elle continua à avancer vers le portique de sécurité, tandis que Tom, le dos courbé et les mains enfoncées dans ses poches, rejoignait la sortie de l'aéroport à pas lourds.

PARTIE 2

1

Newquay, samedi 10 mai 2003

Demain, cela ferait déjà une semaine que Claire était ici. Tel qu'elle l'avait projeté, elle avait beaucoup dormi, avait fait de longues balades sur la plage et le long des falaises et englouti deux thrillers de son auteure favorite, Charlotte Link. Elle avait essayé de penser le moins possible – si ce n'est à Tom qui lui manquait – et à son anneau qu'elle comptait bien retrouver. Le lendemain de son arrivée, elle s'était immédiatement rendue sur le lieu de l'endroit où elle l'avait perdu. Malheureusement le restaurant était fermé et la pancarte suspendue derrière le vitrail de la porte d'entrée affichait qu'ils étaient fermés jusqu'au jeudi soir. Déçue, elle était rentrée à l'hôtel et était tombée nez à nez avec la réceptionniste Lili qui travaillait aussi comme serveuse les week-ends au *Harbour Café*. C'était elle d'ailleurs qui les avait servis le jour même où le drame s'était produit. Lili s'était immédiatement souvenue d'elle en la voyant et la conversation s'était engagée tout naturellement. Un peu comme entre deux vieilles copines qui, après s'être perdues de vue quelques années, s'étaient subitement retrouvées. Etrange, à quelle vitesse, certains liens d'amitié pouvaient naître ailleurs, loin de chez soi et de son quotidien. Peut-être était-ce là un phénomène typique, lié au dépaysement et à la disposition d'esprit plus décontractée qui en résultait ? Peut-être était-ce dû aussi à la présence de la mer, à son climat vivifiant et d'ordinaire plus clément que celui qui sévissait à l'intérieur des terres ? Ou bien tout simplement à la synergie de tous ces éléments additionnés les uns aux autres. Claire n'aurait trop su l'expliquer. Toujours est-il qu'elle trouvait que les gens qui habitaient en bord de mer avaient le visage plus souriant et que, de façon générale, ils étaient plus positifs que leurs pairs vivant à la campagne ou en ville. Elle se rappelait, étant petite, avoir fait quelques excursions avec ses parents dans les Ardennes belges et avoir toujours été frappée par la mine grisâtre et renfrognée des indigènes et ce même en été. Sans s'être pour autant montrés inhospitaliers, leur expression grave et triste – la plupart du temps dépourvue de tout sourire – lui avait laissé un arrière-goût à la fois étrange et confus anéantissant en elle toute envie d'y retourner. Elle était née près de la mer, avait grandi auprès d'elle. La mer lui était vitale – source d'énergie et de bonheur – dont elle ne pouvait se passer bien longtemps. Encore moins durant les vacances qu'elle ne pouvait concevoir sans. Il en allait vraisemblablement de même pour sa nouvelle amie, Lili qui, depuis qu'elle avait goûté à la joie de vivre en bord de mer et ce même si les conditions de vie à Newquay étaient bien loin d'être aussi favorables que celles au Luxembourg, ne se voyait plus retourner y vivre. Elles s'étaient beaucoup vues et entretenues au cours des derniers jours et bien que leurs parcours aient été jusqu'ici quelque peu différents, force était de constater qu'elles s'étaient découvert – outre le fait qu'elles aient vécu une partie de leur existence au Grand-Duché de Luxembourg et qu'elles aient toutes les deux travaillé à Londres – nombre de points communs et de vues similaires. A seulement un mois et demi d'écart, elles avaient toutes les deux atteint le fameux cap de l'âge prétendu mûr. La trentaine et tout ce qu'elle implique comme changements, interrogations et répercussions dans la vie d'une femme.

Claire la subissait de plein fouet tandis que Lili s'efforçait de la dompter tant bien que mal, en vivant au jour le jour et en essayant de ne pas trop se préoccuper du lendemain. Bien sûr qu'elles s'interrogeaient l'une et l'autre sur leurs décisions antérieures et sur leur avenir. Mais en s'exilant à des milliers de kilomètres de chez elle, Lili n'était redevable qu'envers elle-même. Elle n'avait de comptes à rendre à personne. Ce qui n'était pas le cas de Claire qui, elle se sentait redevable envers Tom, envers sa famille, voire même envers la société toute entière – du fait de la pression que cette dernière exerce au regard de ses normes et conventions sociales.

– Quel est ton but dans la vie ? lui avait demandé Lili la veille, en plein milieu d'après-midi, tandis qu'elles étaient assises chacune devant une tasse d'Earl Grey fumante sur la terrasse pleinement ensoleillée de l'hôtel. Claire avait brusquement cessé de tourner sa cuillère dans le liquide brûlant et l'avait déposée lentement sur la soucoupe. Elle avait ensuite levé la tête, haussé les sourcils, puis d'un air totalement désarçonné avait répondu :

– A vrai dire, je ne sais pas trop. Je ne sais plus. Peut-être n'en n'ai-je même pas en fin de compte. C'est grave ça, non ?

– Je pense plutôt que c'est un bon début. C'est à mon avis un signe que tu es véritablement en train de décompresser. Avec toute la pression que tu as subi ces derniers mois, je crois qu'il te faut encore du temps pour vider ta tête et pour que tout ne s'éclaire à nouveau à l'intérieur. Mais tu verras, ça va venir. Consciemment ou inconsciemment, on finit toujours par se fixer des objectifs et à avoir un but dans la vie. Que ce soit sur le plan privé ou professionnel.

– Sur le plan privé, là je n'ai aucun doute sur la personne avec laquelle j'ai envie de poursuivre mon chemin. Malheureusement, comme dit le proverbe, on ne peut pas vivre d'amour et d'eau fraîche. D'autant que si on réfléchit bien – par les temps qui courent – on passe au minimum douze heures par jour à l'extérieur pour le boulot. Le travail, qu'on le veuille ou non, tient au quotidien une place prépondérante. Par conséquent, lorsque celui-ci ne plait pas ou plus et que, pour diverses raisons, tu es amenée à contrecœur à y consacrer de plus en plus de ton temps libre – histoire de garder la tête hors de l'eau – il devient alors de plus en plus difficile de gérer ce débordement et surtout de contenir le mal-être qui en découle et qui se propage à ton corps défendant sur tout le reste. Tu te sens déchirée en vertu d'une conscience professionnelle peut-être un peu trop forte entre ton engagement dans ton travail et celui que tu as envers la personne qui partage ta vie. Or, tout le monde sait qu'on ne peut pas être présent sur tous les fronts ni satisfaire tout le monde. Un des partis s'en trouve fatalement toujours lésé. En l'occurrence, généralement le conjoint.

Lili avait attentivement écouté et observé Claire lors de son récit et surtout ses yeux qui au fur et à mesure qu'elle le racontait s'imbibaient de plus en plus de larmes. Dans un geste de compassion, elle serra le poignet de Claire et proposa :

– On n'est pas obligées de poursuivre, tu sais ? Si tu préfères, on peut changer de sujet.

Mais Claire secoua négativement la tête et continua :

– Non, non, ça me fait du bien d'en parler et de décharger tout ce que j'ai sur le cœur. Surtout à quelqu'un comme toi qui n'est pas directement concernée. Il faut que j'en parle justement pour parvenir à me libérer de ce négativisme qui m'empêche actuellement d'avoir les idées claires et de savoir ce que je recherche comme métier et plus largement comme projet de vie.

Car pour le moment, je suis dans l'impasse. Je ne sais pas trop ce que je veux, ni ce à quoi j'aspire. Je sais juste, ce que je ne veux plus.

Claire leva les yeux et lut dans ceux de Lili, avant même qu'elle ne dise quoique ce soit, qu'elle la comprenait et ça, ça faisait du bien.

– Je vois tout à fait ce que tu veux dire. Et bien que ce ne soit pas les mêmes raisons qui m'aient poussée à prendre le large, j'étais exactement dans le même état d'esprit que toi quand je suis arrivée ici.

– Oui, excuse-moi, ce que tu as vécu toi, était bien pire. L'humiliation d'avoir été trompée par son mec, c'est déjà terrible à endurer, mais qu'en plus il t'ait trompée avec ta meilleure amie, ça c'est inqualifiable.

– Oui, en rétrospective, je ne sais pas qui dans cette affaire m'a déçue le plus. Lui ou elle ? Probablement elle. J'aurais dû comprendre dès le départ qu'avec ses faux airs d'Orlando Bloom, Mike n'était qu'un ignoble crétin, coureur de jupons, prêt à sauter sur tout ce qui bouge pour gonfler son ego et enjoliver son tableau de chasse. A chaque soirée qu'on passait avec des amis, que ce soit chez eux ou dans une boîte de nuit, il ne pouvait s'empêcher de zieuter les décolletés des autres nanas qui se trouvaient là, ni de leur faire des clins d'œil et des sourires aguicheurs. Tandis que Jessica, tout en me couvrant de son regard compatissant, jouait son rôle de meilleure amie consolatrice et dévouée à la perfection. Quand elle voyait que le comportement de Mike me rendait furax, elle me sortait sa psychologie de bas étage, tirée tout droit du seul livre qu'elle ait jamais lu, les Hommes viennent de Mars, les Femmes de Venus de John Gray et me sermonnait tout en me prenant par les épaules : Arrête, Lili, cesse de t'énerver. Tu sais, ils sont tous comme ça. Que veux-tu, c'est leur instinct de chasseur qui remonte à la surface. Et patati et patata. Tu te rends compte un peu ? La garce ! Alors qu'en réalité, c'était elle qui, tout en se faisant passer pour le plus indéfectible et fidèle soutien qui soit, se le tapait derrière mon dos. Ah, ils ont bien dû rigoler, c'est sûr !

– Mais non ! Tu sais s'ils sont toujours ensemble ?

– Je n'en ai aucune idée. J'ai coupé tout contact avec elle au moment même où je les ai surpris dans la salle à manger chez mes parents en train de se rouler une pelle bien profond.

– Alors là, je te comprends. J'en aurais certainement fait de même. Cela dit, d'après le portrait que tu m'as dépeint de ton ex, ça m'étonnerait fort qu'il n'ait pas encore mis les voiles et ne soit reparti à la conquête d'une nouvelle proie.

Lili pouffa de rire et manqua de peu d'avaler de travers la gorgée de thé qu'elle venait de prendre.

– Oui, tu as certainement raison. Mais bon laissons de côté ces deux minables, veux-tu ? Et ne minimise pas ta douleur par rapport à la mienne. Même si moi, je travaille principalement pour vivre, je comprends tout-à-fait qu'avec en plus, des qualifications comme les tiennes, on ait envie d'avoir un travail revalorisant et glorifiant.

– Non, ce n'est pas ça. Ça n'a rien à voir avec mes qualifications qui, au demeurant, sont loin d'être exceptionnelles.

– Oui, enfin… Lili fit un mouvement de bras en soupirant : Parle pour toi. Moi je n'ai pas fait l'unif. Je crois que j'en aurais été incapable d'ailleurs. Mes parents n'avaient de toute manière pas les moyens. Et puis soyons lucides, avec mon esprit folichon et ma tête de linotte, cela aurait été une pure perte.

– Arrête, ce n'est pas parce que j'ai un diplôme universitaire que j'ai forcément la science infuse et que c'est précisément à cause de cela que je suis si exigeante en termes d'attentes professionnelles. Le travail, ne devrait pas, selon moi, seulement se résumer à un gagne-pain. Pour ma part, je n'ai pas l'esprit carriériste et je ne me meus pas dans cette optique. Jouer des coudes et marcher sur des cadavres pour arriver va à l'encontre de mon tempérament et de ma personnalité. Ce genre de pratiques ne fait à mon sens que corroborer un manque de vraies compétences. En ce qui me concerne, je souhaite un job qui, certes, corresponde un tant soit peu à mes qualifications et savoir-faire, mais avant tout qu'il soit en phase avec mes valeurs éthiques et morales. Un job qui me donne l'impression d'être utile, de faire quelque chose de bien et d'important. En bref, un job qui donne un sens à ma vie et à la programmation de mon radioréveil chaque matin. Le salaire passe au second plan. S'il est élevé, c'est tout simplement la cerise sur le gâteau, ni plus ni moins.

Lili lui fit un clin d'œil et s'exclama :

– Ah, tu vois que ça commence tout doucement à se préciser dans ta tête, puis plus sérieusement, elle poursuivit :

– Dans l'absolu, c'est vrai que tout le monde désire avoir un métier intéressant et épanouissant. Mais il s'agit là d'un idéal auquel seule une infime partie de la population peut accéder. La grande majorité travaille avant tout pour pouvoir vivre et subvenir aux besoins des leurs, dans le meilleur des cas. Car malheureusement, de plus en plus de personnes bossent surtout ici, dans cette contrée pour un salaire qui leur permet à peine de survivre.

Claire, les coudes sur la table, joignit ses deux mains sous son menton et souffla :

– Autrement dit, tu me trouves trop gâtée, c'est ça ? Tu as probablement raison. Toi, tu galères entre deux boulots et moi … Bah, je suis trop nulle.

– Mais non, ne dis pas ça. Lili marqua une pause pour trouver les mots justes, sans être sûre d'y parvenir.

– Non enfin, je pense qu'il faut remettre tout cela en contexte. Je ne suis pas en train de te juger. J'essaie simplement de t'expliquer que rien n'est jamais tout blanc ou tout noir. Tout le monde a des revendications et des attentes différentes. Cette diversité est nécessaire et concourt à donner une chance et une place à chacun. Si tout le monde avait les mêmes goûts et aspirait aux mêmes choses ou aux mêmes fonctions, tout un pan de la société serait paralysé. J'ai, pour ma part, momentanément choisi de vivre ici. Dans une région et une ville qui vit principalement du tourisme. Du coup, c'est vrai, que ce n'est pas facile tous les jours. Et je dois bien avouer que, si je n'avais pas décroché ce job de réceptionniste à temps partiel ici au *Headland*, j'aurais probablement dû me résoudre à rentrer chez mes parents. Car le salaire de serveuse au *Harbour Café* n'aurait définitivement pas suffi, étant donné les horaires réduits en hors saison. On peut dire que ce poste à l'hôtel me sauve en quelque sorte de la grisaille et de la morosité luxembourgeoise.

Claire, stupéfaite, écarquilla les yeux.

– C'est ce que je dis tout le temps à Tom. Je ne suis donc pas la seule à trouver que le Luxembourg est particulièrement gris et pluvieux. Et... Elle laissa les mots qu'elle s'apprêtait à dire en suspens, mais Lili l'incita à poursuivre :

– Et ? Je t'en prie, qu'est-ce que tu voulais dire ?

Un peu embarrassée, Claire reprit :

– Eh bien, je sais que toi tu es Luxembourgeoise et je ne voudrais pas t'offenser ni paraître ingrate envers eux, alors que moi-même, j'y suis domiciliée et y ait été jusqu'ici grassement payée quand même.

Lili devinant ce qui allait suivre rit de bon cœur et l'intima à continuer :

– Alors là tu m'intrigues vraiment. Vas-y, je suis tout ouïe. Tu n'as rien à craindre. Et d'un, je sais parfaitement faire la part des choses. Et de deux, poursuivit-elle en dirigeant son regard vers le plateau à trois étages – orné de tout ce qui constitue la version classique de l'*Afternoon Tea* – qui venait d'être déposé par le serveur sur la table, personne n'arriverait à saboter mon intention de savourer en toute sérénité ces délicieux scones. Sans plus attendre, elle en saisit un le coupa en deux, y ajouta généreusement de la marmelade ainsi que de la *clotted cream*, puis leva une moitié en la fixant goulûment avant de la porter à sa bouche et de mordre dedans à pleine dents. Tout en fermant les yeux, elle poussa un *Mmm* et mastiqua très lentement comme pour s'assurer de ne perdre aucun arôme de chacune des composantes de sa bouchée, puis reporta son attention sur Claire en lui signifiant d'un hochement de tête que celle-ci n'avait toujours pas accouché ce qu'elle n'osait avouer sur le Grand-Duché.

Claire se racla la gorge et se lança :

– Eh bien, ce que je voulais dire, c'est que je trouve que le temps gris et humide luxembourgeois déteint sur ses habitants. Je leur trouve une mine renfrognée. Et surtout, ils semblent avoir bien du mal à dire bonjour, comme si ça leur en coûtait terriblement.

Lili qui avait à présent avalé la moitié de son scone, s'essuya la bouche et à la grande surprise de Claire approuva.

– Je suis tout à fait d'accord avec toi. Et d'ailleurs je me suis moi-même souvent fait la réflexion depuis que je suis arrivée en Cornouailles. Ici, tout le monde se dit *Hello*, *Hi*, ou *Hiya*.

Les gens ont le contact facile et sont toujours prêts à rendre service. Ils sont cools. Voilà l'expression qui à mon sens les définit le mieux, tandis qu'au Luxembourg, les gens sont très réservés. Pour ne pas dire, coincés ! Les voisins se disent bonjour, mais restent chacun chez soi. A l'exception peut-être des régions comme la Moselle, le Minett[66] et certains villages de l'Oesling, sous l'influence d'une population d'immigrés romanophones, principalement originaire d'Italie et du Portugal. Cela dit, je me permets quand-même de prendre leur défense sur un point. Si, de prime abord, ils ne n'apparaissent pas très chaleureux ou engageants, sache que, lorsqu'ils t'offrent leur amitié, c'est pour la vie.

– Oui, c'est ce que Tom dit aussi.

– Eh bien justement, la transition est parfaite. Parlons-en de ton Tom, veux-tu ? Et dis-moi, comment peut-on, quand on a la chance d'avoir trouvé un homme tel que lui, le laisser en plan à des milliers de kilomètres d'ici ? Tu peux m'expliquer ? Tu ne crains pas qu'il se ne fasse mettre le grappin dessus durant ton absence ? Après tout, ne le prends pas mal, mais il est très bel homme. En plus de cela, il est intelligent, sérieux et riche. Bref, il a tout pour lui, quoi ! Il est la définition même de la perle rare. Et toi, tu le laisses tout seul, à la merci de toutes ces sangsues qui ne doivent pas manquer de ramper autour de lui. Est-ce que tu réalises, ma chère, qu'on pourrait te le piquer ? Rappelle-toi du dicton : loin des yeux, loin du cœur et dépêche-toi d'aller le retrouver ou, mieux encore, de le faire venir ici.

---

[66] Bassin minier

– Pour que ce soit toi qui me le piques ? répondit Claire en levant un sourcil à la fois interrogateur et moqueur.

Lili lui tira la langue et d'un air outragé rétorqua :

– Mais non, bien sûr que non enfin ! Pour qui tu me prends ? Ce n'est pas parce qu'on me l'a fait à moi que je serais capable de le faire à d'autres. Bien que je ne sois guère pratiquante, j'applique dans ces choses-là le sacro-saint principe biblique qui dit : ne fais pas à autrui ce que tu n'aimerais pas qu'on te fasse. Malheureusement, et on en est bien conscientes toutes les deux, ce n'est pas le cas de tout le monde. Je ne faisais que de te mettre en garde, c'est tout.

– Je sais bien, voyons. Je ne faisais que de te charrier. Et d'ailleurs, tu as parfaitement raison. Il ne faut pas que je le laisse filer. Mais tu sais, c'est aussi justement pour ça, pour lui, pour nous, bref, pour notre relation que je suis là. Comment dire ?

Claire se dandina sur sa chaise, mordit sa lèvre inférieure puis se redressa avant de reprendre :

– J'avais besoin de me retrouver un peu seule pour retrouver l'énergie nécessaire de me réinvestir pleinement dans notre couple que j'ai bien trop négligé ces derniers mois au profit d'un engagement et d'une conscience professionnelle démesurés qui ne m'ont strictement rien apporté. Ni sur le plan humain, ni même sur le plan hiérarchique. Rien, si ce n'est du stress ! Un stress chronique qui a fini par me saper tout mon moral et à me faire perdre ma joie de vivre ainsi que ma capacité à savourer les tout petits riens. Tous ces petits plaisirs qui ne coûtent rien ou pas grand-chose et qui pourtant égaient le quotidien et le rendent moins terne. Comme par exemple, le fait d'être assise ici avec toi autour de cet *Afternoon Tea*. J'ai l'impression que ça fait des lustres que je ne me suis plus accordée de moments entre filles. Et pourtant, dieu sait, que Tom ne m'a jamais défendu de voir ou de sortir avec mes copines. C'était moi qui ne voulais pas. D'une part, parce qu'elles habitent pour la plupart à Knokke ou à Bruges et d'autre part, parce que de toute manière, j'étais trop accaparée par mon boulot ou plutôt parce que je me laissais trop accaparer par lui. C'est sûr, qu'en réalité, je ne peux m'en prendre qu'à moi-même. Mais toujours est-il qu'il y a un tas de choses que je n'ai plus faites, un tas d'activités que j'adorais faire et que j'ai totalement zappées ces derniers mois. C'est bien dommage et surtout, dommageable à l'équilibre naturel d'une personne.

– Oui, c'est vrai qu'il est important de s'accorder des petits moments de bonheur, des petits plaisirs dont seuls nous avons le secret pour garder le moral et modérer son stress du quotidien. Moi, par exemple, quand j'ai un coup de blues, je vais à la bibliothèque de Newquay et j'emprunte des romans à l'eau de rose, genre Danielle Steel ou Nora Roberts. Je sais c'est totalement ringard, mais ces histoires d'amour la plupart du temps totalement surfaites, limite du kitsch, me font m'évader et plonger au gré des chapitres dans un autre univers. C'est avec le ronronnement de mon chat, pour moi, la meilleure thérapie anti-déprime qui soit.

– Tu as un chat ?

– Oui, depuis un peu plus de quatre mois. Je l'ai recueilli alors qu'il tentait de s'introduire grelottant et totalement affamé dans le hall de la maison dont j'occupe le premier étage.

– Eh bien là, j'imagine qu'il a tiré le gros lot. Je suis sûre que désormais, il ne manque plus de rien.

– Absolument. C'est à présent un petit effronté bien potelé.

Claire éclata de rire en pensant à Mimi qui était bien portante elle aussi.

– C'est vrai que les chats ont un effet hyper reposant sur nous, les êtres humains. Tom et moi en avons un aussi. Mimi, une croisée siamoise, que nous tenons de l'asile de Dudelange. Un vrai bouddha, au propre comme au figuré.

– Et elle ne te manque pas trop ?

– Si bien sûr, presque autant que lui.

– Nous y revoilà …, mais en voyant la luminosité du soleil s'estomper au centre de la table, Lili comprit que l'heure avait tourné et elle s'écria : Ô mon dieu, il est déjà cette heure-là ! Il va falloir que je te laisse. Je dois prendre mon service au *Harbour Café* à 18:30 au plus tard si je veux éviter les aboiements d'Ryan.

– Il est si pénible que ça ?

– Tu n'en as même pas idée, crois-moi ! Un vrai roquet par moments.

– Ok ! Claire vérifia sa montre puis d'un regard implorant dit :

– Ecoute, il est 17:45. Laisse-moi t'accompagner jusque-là veux-tu ? Il faut que je te parle de quelque chose.

Quelque peu interloquée, Lili indiqua qu'elle devait d'abord encore faire un saut chez elle pour se changer. Mais Claire n'en démordit pas. Il fallait absolument qu'elle lui parle de l'anneau.

– Je t'accompagne jusque chez toi et attendrai dehors que tu te changes. Pendant ce temps-là, je te commanderai un taxi que je paierai bien entendu.

– Un taxi ? Ô là, quand même pas !

– Ô que si ! Ecoute, j'ai les moyens et je ne veux pas que tu arrives en retard à ton travail. Donc laisse-moi faire, ça me fait plaisir. D'ailleurs, pour être honnête, mon offre n'est pas tout-à-fait désintéressée. J'ai en effet, un petit service à te demander.

– Ah oui, de quoi s'agit-il ?

Mais Claire, après avoir laissé le montant de leurs consommations sur la table, se leva en indiquant qu'elle lui expliquerait tout en chemin. Lili l'avait alors suivie tout en écoutant attentivement son récit sur l'anneau.

Plus tard, après avoir poussé Lili dans le taxi et réglé la commission au chauffeur, Claire était rentrée à l'hôtel, d'un pas léger. Lili lui avait promis de demander à Ryan, la permission de farfouiller le buisson en dessous de la terrasse du *Harbour Café* de fond en comble, le lendemain après-midi, autrement dit, aujourd'hui, après le service de midi. Claire jeta un coup d'œil nerveux à sa montre. Il était 14:30 et elle avait rendez-vous avec Lili devant le buisson à 15:00. Cette dernière s'était, par ailleurs, proposé de l'assister dans sa recherche. Claire était à présent toute excitée. *Qui sait ?* Peut-être qu'à elles deux, elles parviendraient à conjurer l'expression : « autant chercher une aiguille dans une botte de foin ». Après tout, il n'existe pas de règle sans exception. Elle ressentit tout d'un coup un besoin urgent d'entendre la voix de Tom et composa le numéro de leur maison sur son vieux Nokia réhabilité – après qu'elle ait été tenue de restituer son BlackBerry à son désormais ex-employeur, au moment de quitter la boîte.

2

Limpertsberg, le même jour, une heure plus tôt

Tom fronça le nez. Quelque-chose d'humide lui chatouillait les narines jusqu'à l'extrémité de la lèvre supérieure. Les paupières closes, quelque part, à la frontière entre le sommeil et l'éveil, il ressentit en même temps quelque chose lui oppresser la poitrine. Il souleva péniblement sa main droite pour tenter de dégager le poids et se gratter à l'endroit où ça le démangeait et fut agréablement surpris par la chaleur et la douceur qui émanait de cette chose qu'il distinguait sous sa paume. Au prix d'un effort qui lui sembla surhumain, il réussit enfin à ouvrir les yeux qui se retrouvèrent aussitôt plongés dans une magnifique paire d'yeux en amande de couleur bleu azur, aux pupilles fendues.

– Ah, du bass et Mimi. Bass du hongereg, hm ?[67] Au même moment, les pupilles du chat se dilatèrent.

– Ah, tu es enfin réveillé ?

Tom se retourna si brusquement qu'il faillit tomber du lit. Sa tête, lui faisait si mal. Il avait l'impression qu'elle allait exploser.

– Sonia ? Mais qu'est-ce que tu fous là ?

– Tu ne te rappelles donc de rien, hein ?

Il prit peur tout d'un coup et chercha vite une excuse pour faire diversion.

---

[67] « Ah, c'est toi Mimi ! Tu as faim, hein ? »

– Euh, il faut que je nourrisse le chat.

– C'est déjà fait. Sonia se dirigea ensuite vers le félin qui s'était réfugié derrière la tenture. Hein, Mimi, toi et moi, on est amies maintenant. Et tandis que Sonia s'agenouillait pour la caresser, Mimi cracha et déboula de sa cachette, telle une furie en direction de la porte entrouverte. Tom ne put s'empêcher de rire.

– Saleté de chat. Elle m'a griffée.

– Eh oui, que veux-tu ? Les chats sont des petits êtres très indépendants et insoumis. Ils n'aiment pas qu'on leur force la main, encore moins, s'il s'agit d'un étranger ou, comme dans le cas présent, d'une étrangère.

Sonia se redressa et d'un air moqueur et suffisant lança :

– Après cette nuit, me considères-tu, toi aussi, comme une étrangère ?

Tom sentit sa gorge se serrer et une vague de chaleur inhérente à l'angoisse de ce qu'il venait d'entendre, l'envahir. Il essayait de se remémorer les événements de la veille, mais n'arrivait qu'à se souvenir de quelques scènes qui lui revenaient en mémoire, comme des flashs. Ils étaient allés dîner tous ensemble, entre collègues, après le boulot, dans une Pizzeria, puis avaient terminé la soirée au VIP, une boîte de nuit en plein centre-ville. Ça, il s'en souvenait. Il se souvenait aussi avoir bu beaucoup de Vodka, un alcool qu'il n'avait pas pour habitude de boire. Mais ces derniers jours sans Claire lui avaient valu un tas de nouveaux penchants et de comportements allant totalement à contre-courant de sa nature. Pour ne pas avoir à supporter la maison, ni le grand lit deux places vides, il était sorti chaque soir de la semaine. Il avait du reste pas mal picolé et s'était même remis à fumer. Mais là, en cet instant précis, il aurait tout donné et promis n'importe quoi à Dieu : qu'il ne boirait jamais plus autant ! Qu'il ne toucherait plus une seule cigarette ! Pourvu seulement qu'il ne se soit pas laissé entraîner dans un *one night stand* avec Sonia. Claire ne le lui pardonnerait jamais, d'autant qu'elle détestait Sonia qui à chaque fois qu'elles avaient eu à se croiser, n'avait jamais fait de mystère de son engouement pour lui. Depuis qu'elle était arrivée dans son équipe, il avait été à maintes reprises amené à repousser diplomatiquement ses avances. Il avait même tenté de la faire muter dans un autre service, mais ses supérieurs hiérarchiques ne l'avaient pas suivi sur ce coup. A moins de ne commettre une faute professionnelle grave, ils avaient décrété qu'avec son curriculum et son expérience, sa place était bel et bien dans son équipe. A court d'arguments, il ne s'était pas senti la force d'insister ni de mentir sur ses prestations. Il ne pouvait nier, qu'elle était très compétente et très professionnelle.

Par ailleurs, il était forcé de reconnaître que, depuis qu'elle le savait en ménage avec Claire, elle avait pris sur elle. Elle n'avait plus fait aucune allusion, ni tenté de flirter avec lui, tout au moins jusqu'à hier soir. Il aurait donné cher pour être ailleurs. Pour fuir loin de cette chambre. De leur chambre à lui et à Claire, au milieu de laquelle Sonia, sa collègue, se tenait à présent, debout les deux mains pressées sur les hanches dans un air de défi en attendant sa réponse. Bon sang, qu'il se sentait minable ! Incapable de croiser son regard, il ferma les yeux, puis à l'image d'un condamné sur le point de recevoir sa sentence, enfouit honteusement son visage entre ses mains avant de demander d'une voix à peine audible :

– Qu'est-ce que tu veux dire par là ? Qu'est-ce qui s'est donc passé cette nuit ?

Certes, ne pas se souvenir d'avoir couché avec une femme le lendemain de la veille n'était pas très flatteur pour elle. En même temps, ça lui donnait une opportunité. L'opportunité, ou plutôt le pouvoir de lui faire gober ce qu'elle voulait.

– Alors, comme ça, tu ne te rappelles vraiment de rien ? railla-t-elle.

– Si. Que nous sommes allés dîner tous ensemble après le boulot à la Pizzeria et qu'après, nous sommes allés au VIP où j'ai bu beaucoup de Vodka. Visiblement beaucoup trop d'ailleurs, puisque je ne parviens pas à m'expliquer ta présence ici ce matin. Alors, je t'en prie, vas-y. Crache le morceau qu'on en finisse.

– Je sais bien que tu as la gueule de bois, mais n'empêche que tu pourrais tout de même être un peu plus agréable, s'insurgea-t-elle.

– Avoue que ça t'amuse hein, ce genre de situation ?

– Oui, c'est vrai. Je l'admets, mais pas dans le sens où tu sembles l'entendre. Je ne me délecte aucunement de la détresse dans laquelle tu sembles confiné depuis que Claire, t'as quitté, ni de ta perte de mémoire quant à cette nuit, même s'il est vrai que je pourrais en profiter pour te faire avaler n'importe quoi.

Vraisemblablement surpris par tant de franchise, Tom se redressa dans son lit et lui adressa un regard étonné.

– Donc, tu vas me dire ce qui s'est passé sans ruse et sans détours ?

Cette question lui fit l'effet d'une gifle. Réaliser qu'il la prenait pour une intrigante était une insulte à son honneur et aux sentiments qu'elle lui vouait depuis le premier jour où elle avait intégré son équipe. Au début et eu égard à la violation d'un tabou implicite, proscrivant et réprouvant toute relation intime au bureau, elle avait tenté de lui faire comprendre subtilement, à demi-mot, qu'elle était amoureuse de lui. Mais rien à faire, elle avait eu beau user de ses charmes, jamais il n'avait succombé. Elle, la belle brune aux yeux bleus perçants, qui avait été la coqueluche de son lycée, un statut qu'elle s'était vue partager plus tard à l'université, avec une petite blonde aux faux airs de Michelle Pfeiffer, n'avait jamais eu à essuyer de refus. Elle n'avait eu qu'à lever le petit doigt pour attirer une meute de mâles prête à lui baiser chaque orteil des pieds. Des aventures, ça, elle en avait eues ! Mais réellement amoureuse, jamais elle ne l'avait été. Jusqu'à ce qu'elle ne croise le chemin de Tom pour qui elle semblait être totalement transparente. Il n'avait cessé de la repousser ni de la faire souffrir le martyre à chaque fois qu'il évoquait Claire avec des étoiles plein les yeux.

Avec ses airs fragiles et délicats, Claire possédait le don d'éveiller en chaque homme son instinct protecteur. Même ses autres collègues masculins la trouvaient mignonne et craquante. De ce point de vue-là, Sonia, avec son physique élancé et parfaitement sculpté par des heures passées au centre de fitness, incarnait davantage la *Power Woman* des temps modernes – toujours maître de la situation. Ses tailleurs-jupes impeccablement ajustés, comme s'ils avaient été créés sur mesure et le port quotidien d'escarpins aux talons vertigineux, lui prodiguaient une silhouette à couper le souffle, éveillant davantage l'instinct charnel que protecteur auprès de la gent masculine. Pas chez Tom, cependant, qui demeurait totalement imperméable à ses attributs et à sa beauté ténébreuse. Même ivre, il ne s'était à aucun moment laissé aller à un quelconque désir ou flirt. Et bien qu'il n'y eût vraiment pas de quoi être fière d'avoir tenté de le séduire alors qu'il était sous l'emprise de l'alcool, ce n'était pas faute d'avoir essayé pourtant ! *Quel affront ! Quelle humiliation !* Elle crevait d'envie de le lui faire payer. Et là, elle tenait l'occasion rêvée de le faire. Cependant et en admettant qu'il la croie, elle savait que sa jouissance ne serait que de courte durée et que la vengeance, de toute manière, était un plat qui se mange froid. Il était fou amoureux de Claire et ne l'aimerait jamais, elle. Pire, il la détesterait pour avoir menacé, voire mené son couple à sa perte. Un comportement indigne et aux antipodes de l'amour sincère qu'elle éprouvait effectivement pour lui. Un amour non partagé, certes, mais en réprimant son désir de le punir et en refusant de se prêter à ce type de stratagème abjecte, elle conserverait au moins son estime.

– Relax Tom, il ne s'est rien passé. En tout cas, rien de compromettant. Malheureusement ! ne put-elle s'empêcher d'ajouter tristement.

Tom poussa un soupir de soulagement, mais s'excusa aussitôt de si peu de tact, en voyant le visage anéanti de Sonia. Il vérifia sous la couette qu'il portait bien un caleçon avant de se lever pour la prendre dans ses bras et la consoler.

– Viens-là et tout comme il l'aurait fait avec une enfant, il lui caressa la tête et d'une voix qui se voulait réconfortante, poursuivit : écoute, Sonia, tu es une femme vraiment super. Tu as tout pour rendre un homme heureux et je suis sûr que le bon se trouve là quelque part. Il faut juste que tu ouvres les yeux et que tu cesses cette fixation sur moi. Ainsi, seulement, tu pourras le reconnaître.

Entre deux sanglots, sa joue appuyée contre son torse nu, chaud et humide imbibé de ses larmes, Sonia fut tentée une ultime fois de le prendre par surprise et de l'embrasser frénétiquement pour qu'il réalise ce qu'il était en train de perdre en la rejetant. Il avait cependant dû saisir son intention, car il se dégagea aussitôt, comme s'il venait de se brûler.

Pantelante, elle rouvrit les yeux et le regarda d'un air implorant.

– Qu'est-ce qu'il y a ? Ai-je fait quelque chose de mal ?

Tom recula encore de deux pas avant de répondre :

– Je préfère ne pas tenter le diable. C'est tout.

Une nouvelle lueur apparut dans les yeux de Sonia qui d'une voix tremblante balbutia : qu'est-ce que tu veux dire ? *Se pouvait-il finalement, qu'il ne soit pas si insensible que ce qu'il ne voulait bien le laisser paraître ?*

Il la toisa étrangement avant de répondre :

– Tu le sais parfaitement. Je ne suis pas de marbre non plus et pour le moment, je ne suis pas dans mon état normal. Je ne voudrais pas que quelque chose se passe entre nous, que nous regretterions plus tard. Ce ne serait pas correct. Ni vis-à-vis de Claire, ni vis-à-vis de toi, d'autant que toi et moi, savons parfaitement que cela n'irait pas au-delà d'une aventure d'une seule fois. C'est Claire que j'aime. Rien ne pourra changer cela, et toi, tu mérites mieux que ça.

Dans sa tête, Sonia interpréta ce discours comme un aveu de vulnérabilité et de convoitise à son égard. Elle l'avait tellement désiré depuis toutes ces années qu'elle travaillait à ses côtés, qu'elle était prête à consentir à l'effort d'accepter de se contenter d'un seul rapport avec lui. Elle n'allait pas manquer cette occasion. Aussi, s'employa-t-elle à le persuader.

– Mais peut-être que, justement, le fait de coucher ensemble, ne fut-ce qu'une seule fois, m'aiderait à me libérer de toi ? Peut-être cela me permettrait-il de réaliser que, finalement, je n'éprouvais que du désir à ton égard ?

Stupéfait, Tom la dévisagea tout en hochant la tête d'un air de méfiance :

– Loin de moi l'idée de vouloir me vanter ou de prétendre quoi que ce soit, mais j'en doute. Et même si tel était le cas, cela ne m'empêcherait pas de culpabiliser. Aussi bien vis-à-vis de Claire que de moi-même. Sachant qu'il me faudrait forcément à un moment ou à un autre lui avouer la vérité avant qu'elle ne l'apprenne de la bouche de quelqu'un d'autre – ce qui finirait forcément par arriver. Ce genre de choses finissent toujours par se savoir. Elle ne pourrait plus jamais me faire confiance et en admettant qu'elle consente à me pardonner, notre relation en demeurerait éternellement entachée, pour ne pas dire condamnée. Et ça, je ne le veux pas ! C'est pourquoi, je te saurais gré de bien vouloir me laisser maintenant. Mais avant, j'aimerais juste encore savoir, comment tu as atterri ici cette nuit.

Sonia expira lourdement, comme si elle était restée en apnée durant tout le temps où Tom avait prêché son sermon.

– Je t'ai ramené, c'est tout ! capitula-t-elle en pinçant les lèvres et en écartant les mains devant elle. Tu n'étais plus en état de conduire après le VIP. C'est pourquoi j'ai pris le volant de ta voiture et t'ai raccompagné jusqu'ici. Ensuite, tu tenais à peine sur tes jambes, alors j'ai déposé un seau à côté de ton lit et t'ai aidé à te mettre dedans en tout bien tout honneur.

– Ok, et toi ? Où as-tu dormi ?

– A côté de toi, mais rassure-toi, bourré comme tu étais, tu n'aurais été capable de rien du tout.

– Merci Sonia, dit-il en s'asseyant apaisé sur le bord du lit. Merci d'avoir été honnête et de ne pas avoir essayé de me berner.

– Mais bon sang, pour qui me prends-tu à la fin ? Je sais bien que je n'ai pas l'air angélique de ta Claire, mais tout de même, je ne suis pas un monstre. Est-ce un crime que d'être tombée amoureuse de toi ? Tu crois que ça se décide ? râla-t-elle en le fusillant du regard.

– Non bien sûr que non. Excuse-moi, je ne voulais pas te blesser. Je sais bien qu'on n'a aucune maîtrise là-dessus. Et encore une fois, je te suis très reconnaissant pour ta franchise et pour ton aide cette nuit.

– De rien, répondit-elle avant de se moucher bruyamment et de relever son visage dans sa direction tout en murmurant : je dois avoir l'air pitoyable.

C'est vrai, qu'avec ses yeux rouges et bouffis et les traînées de mascara qui avaient coulé le long de ses joues, elle – qui d'ordinaire affichait un maquillage impeccable digne d'une vedette de cinéma – faisait peine à voir.

– Mais non.

– Bien sûr que si ! répondit-elle dans un reniflement sonore. Puis-je juste avant de partir me passer de l'eau sur le visage pour arranger les dégâts ?

– Oui, bien sûr. Tu n'as qu'à utiliser le lavabo des WC au rez-de-chaussée. Moi, je vais me doucher. Et n'oublie pas de bien fermer la porte derrière toi en sortant.

– Ok, pas de problème. Récupérant son sac à mains sur la commode, elle se dirigea vers la sortie de la chambre puis se retourna une dernière fois pour le saluer d'un petit geste résigné de la main avant de s'éclipser par l'escalier.

Il gagna quant à lui la salle de bains non sans hésiter un bref instant entre le fait de fermer la porte à clé ou non. *En principe, c'était bon maintenant. Sonia avait dû saisir le message et s'était certainement fait une raison.* Il se limita donc juste à fermer la porte sans la verrouiller entra dans la cabine de douche et régla le jet au maximum – masquant ainsi la sonnerie du téléphone qui venait tout juste de retentir.

***

Sonia avait hésité un moment sur le pas de la porte avant de rebrousser chemin et de décrocher le téléphone au bout de la seizième sonnerie. Vu l'insistance avec laquelle celui ou celle qui tentait de joindre Tom laissait sonner dans le vide, elle s'était dit que quelque chose était peut-être arrivé et qu'on le réclamait de toute urgence.

– Allô ? A l'autre bout du fil, elle entendit ce qui lui semblait être le sifflement du vent et le chant d'une mouette.

– Euh… Allô, c'est Claire. Qui est à l'appareil ?

Oups, Tom n'allait pas aimer. En même temps, raccrocher serait pire. D'une voix résolument ferme, elle répondit : salut Claire, c'est Sonia. Comment vas-tu ?

SONIAAA ? Mais qu'est-ce qu'elle fichait là ? Décontenancée, Claire vérifia le numéro qui s'affichait sur l'écran de son Nokia. Mais non, elle ne s'était pas trompée. Elle avait bel et bien composé le numéro fixe de leur domicile à elle et Tom. A présent, elle se sentit défaillir, ainsi qu'une sensation de nausée s'emparer d'elle comme lorsqu'on dévale à toute vitesse la pente vertigineuse d'une montagne russe. Une pléiade de questions l'assaillit. *Ce n'était tout de même pas vrai ? Tom n'avait quand-même pas profité de ses quelques jours d'absence, pour se laisser aller à se jeter dans les griffes de cette louve ? Comment avait-il pu ? Elle ne pouvait y croire, d'autant qu'il lui avait certifié qu'elle n'était « pas son genre ».*

Elle se ressaisit donc et sur un ton qui n'admettait aucune objection, ordonna : passe-moi Tom, veux-tu ?

– Il est sous la douche pour le moment. Sonia ne put s'empêcher de se réjouir de la douleur que cette information devait infliger à Claire. C'était comme si elle venait de lui lancer une flèche en plein cœur et elle s'en délectait. C'était plus fort qu'elle. Alors, d'une voix suave et pleine de morgue, elle proposa : veux-tu que je lui dise de t'appeler ou préfères-tu rappeler plus tard ?

Claire eut tout à coup une envie de meurtre. *De mieux en mieux, Tom était sous la douche à présent.* Autant dire que Tom allait avoir grand-peine à justifier la présence de cette pétasse. Aussi dût-elle se faire violence, pour ne pas hurler et dire à cette roulure tout le bien qu'elle pensait d'elle. Mais cela ne ferait que de la faire jubiler davantage encore. *Plutôt crever*, que de lui faire ce plaisir. Claire était folle de rage, cependant, elle était bien décidée à n'en rien laisser paraître. Elle tourna donc quelques fois sa langue dans sa bouche avant de répondre d'une voix parfaitement maîtrisée et un brin sarcastique :

– Tu seras gentille de lui demander de me rappeler dès qu'il aura terminé.

Sonia adopta le même ton :

– Ok, Claire. Ce sera fait. Bonne journée à toi et à bientôt, railla-t-elle avant de rompre la communication sans plus laisser le temps à Claire de rajouter quoi que ce soit d'autre.

Claire réprima au prix d'une grande frustration son désir de hurler sa colère et de jeter son GSM par terre, mais une foule de touristes se tenait non loin d'elle, amassée sur le quai, attendant patiemment d'embarquer sur des bateaux de pêche qui les emmèneraient au large pour découvrir à la fois l'endroit où les pêcheurs avaient pour habitude d'attraper leurs proies aux aurores et contempler les falaises sous un autre angle. *Qu'auraient-ils pensé ?*

***

Debout devant sa garde-robe grande ouverte, un drap de bain noué autour de la taille, Tom se saisit d'un caleçon et d'une paire de chaussettes, lorsqu'au bout d'un seul petit coup sec frappé à la porte, celle-ci s'ouvrit à toute volée. L'espace d'un instant, Tom crut que son cœur allait bondir hors de sa poitrine tellement il avait été effrayé. Il eut juste le temps de rattraper sa serviette avant de plonger son regard noir dans ceux de Sonia et de rugir :

– Tu veux me faire avoir une crise cardiaque ou quoi ? Et puis qu'est-ce que tu fous encore là d'ailleurs ?

Abasourdie par sa réaction violente, Sonia articula d'une toute petite voix :

– Excuse-moi, mais Claire vient d'appeler et elle demande à ce que tu la rappelles.

– QUOIII ? Mais de quoi je me mêle ? Qu'est-ce qui t'a pris de décrocher le téléphone, hein ? Tom était hors de lui. Il s'avança vers elle en brandissant un index menaçant dans sa direction tout en continuant à hurler : hein ? Tu ne peux vraiment pas t'empêcher de me pourrir la vie ? Il était si proche d'elle à présent, qu'elle pouvait sentir son haleine mentholée et des postillons de rage virevolter sur son visage. Aussi recula-t-elle d'un pas pour tenter de les éviter. Elle se sentait toute petite tout d'un coup, telle une gamine prise en faute. Alors que pour une fois – hormis l'exaltation éprouvée en laissant délibérément planer le doute dans la tête de Claire quant à sa présence dans leur maison – son intention avait été des plus honorables.

Elle avait réellement cru bien faire en décrochant le téléphone et ne s'était vraiment pas attendue à s'attirer une telle foudre de la part de Tom. Il avait dû sentir à travers son regard la panique monter en elle, car soudain, il s'interrompit, se passa une main dans les cheveux puis fit un pas en arrière, lui aussi.

– Ecoute, je suis désolé de m'être emporté comme ça, mais je ne comprends pas que tu sois toujours là et surtout, que tu te sois permise de répondre au téléphone. Même si à la base, cela partait peut-être d'un bon sentiment, sache qu'à présent tu m'as mis dans une situation très inconfortable vis-à-vis de Claire qui va probablement s'imaginer dieu sait quoi maintenant.

– Je suis vraiment désolée, minauda-t-elle. Ce n'était en effet pas mon intention. Je m'apprêtais à partir quand le téléphone s'est mis à sonner. Et au vu du nombre de sonneries retenties dans le vide, j'ai pensé que quelque chose de grave était peut-être arrivé et qu'on tentait de te joindre de toute urgence. Voilà tout. Je suis vraiment désolée que ça t'ait mis dans cet état-là et que ça puisse te causer du tort face à Claire.

Il la toisa, l'air sceptique mais s'efforça toutefois d'adopter un ton plus conciliant :

– Ok. Je comprends. Tu as eu raison. Même si je suis dans de beaux draps à présent avec Claire, il aurait effectivement pu s'agir de quelque chose de grave. Soucieux, Tom soupira, puis plaqua ses mains sur son front avant de lancer d'une voix lasse :

– Ecoute... Merci pour ta sollicitude, mais maintenant, s'il te plaît, laisse-moi et rentre chez toi.

– Ok, je m'en vais sur le champ. Sonja se retourna alors vivement en direction de l'escalier, le dévala aussi vite que ses hauts talons le permettaient, puis claqua la porte d'entrée.

Tom, le regard braqué dans le vide, resta planté au beau milieu de la chambre à coucher, incapable de coordonner les milliers de pensées qui fusaient dans son esprit. *Comment convaincre Claire que ce n'était pas ce qu'elle pensait. Qu'il ne s'était strictement rien passé !* Sachant, qu'en cas d'infidélité soupçonnée, ce sont exactement ces mots-là auxquels recourent les hommes la plupart du temps – tandis que les suspicions s'avèrent en général parfaitement fondées. Les apparences jouaient contre lui, certes ! Cependant, il se raccrocha à l'idée que Claire et lui étaient différents. Ne lui avait-elle pas souvent répété qu'il était génial, parfait ? Qu'il incarnait le gendre idéal, y compris pour la pire des belles-mères ? Qu'il était un indécrottable romantique, qui n'oubliait jamais une date d'anniversaire ? *Eh bien le moment était venu de lui prouver que tout cela n'avait pas été de simples qualificatifs, ni de vaines paroles ! Qu'au contraire, elle en était intimement persuadée et convaincue et que, par conséquent, elle allait lui faire confiance.*

3

*Newquay, au beau milieu du buisson
sous la terrasse du Harbour Café*

Cela faisait depuis une vingtaine de minutes que Claire et Lili, munies de gants de jardinage, de machettes et d'un détecteur de métaux – empruntés à Ryan – ratissaient le buisson. Leur fouille s'était jusqu'à présent révélée infructueuse, à l'exception de quelques pennies et cannettes vides écrasées. Le soleil tapait en plein sur leurs épaules. Leurs nuques étaient moites sous leurs cheveux relevés et des perles de sueur coulaient le long de leurs tempes, jusqu'à disparaître dans l'échancrure de leurs t-shirts. A ce rythme-là, d'ici une heure, elles seraient complètement trempées. Claire pilonnait avec acharnement les ronciers comme s'il s'agissait de cette vipère de Sonia. Chaque coup qu'elle assénait s'accompagnait d'un feulement à la Monica Seles, auquel Lili finit par se rallier. Et tant pis pour les passants ou touristes qui devaient forcément les prendre pour deux folles. Personne n'osa les déranger ni demander quoi que ce soit. Au vu de l'énergie qu'elles déployaient pour venir à bout de leur tâche, nul doute qu'elles y parviendraient. Le portable de Claire se mit à nouveau à vibrer dans la poche arrière de son jean. C'était la troisième fois. Lili, qui se trouvait juste derrière elle, entendit le bruit sourd et lâcha :

– Claire, s'il te plaît, tu ne peux tout de même pas continuer à faire la sourde oreille. C'est puéril et injuste, d'autant que c'est toi qui as demandé à cette Sonia qu'il te rappelle.

– Injuste ? articula-t-elle d'une voix blanche. Tu trouves que c'est injuste ? Il n'a qu'à mariner un peu. De toute manière, je ne veux pas lui parler maintenant. Pas avant d'avoir retrouvé cette satanée bague. Puis de toute façon, là tout de suite, je ne suis pas en état de mener une conversation calme et posée avec lui.

– D'accord, mais envoie lui un texto au moins, comme quoi tu le rappelles plus tard. Ecoute, je comprends tes doutes et ta colère, mais tu dois au moins lui laisser une chance de s'expliquer.

Claire était arrivée livide au point de rendez-vous et lui avait immédiatement tout raconté. Lili l'avait écoutée calmement et s'était abstenue de tout commentaire pernicieux. Malgré sa propre expérience et l'inconstance notoire des hommes, elle voulait croire qu'ils n'étaient pas tous pareils.

Aussi entoura-t-elle d'un bras compatissant les épaules de Claire et d'un ton moralisateur lança :

– Allez, s'il te plaît, Claire, tu lui dois bien ça. D'ailleurs, je ne l'ai peut-être vu qu'une fois, mais franchement je ne peux pas croire qu'il t'ait trompée. Après tout ce que tu m'as raconté sur lui, ça ne correspond pas au personnage. Je suis presque sûre qu'il s'agit d'un malentendu.

Claire attarda son regard sur le visage à la fois inquiet et impatient de Lili puis finit par acquiescer en souriant docilement. Elle sortit alors son GSM de sa poche pour envoyer un texto à Tom. L'écran d'affichage confirmait trois appels en absence plus un SMS qu'elle s'empressa de lire.

Claire, s'il te plaît, je sais que les apparences jouent contre moi et que ce que je m'apprête à t'écrire fait très cliché, mais je te promets. Non, plutôt, je te jure sur tout ce que j'ai de plus précieux, à commencer par toi, que ce n'est pas du tout ce que tu crois. Il n'y a et n'a jamais rien eu entre Sonia et moi. Je t'en prie, appelle-moi !

4

Limpertsberg, au même moment

Tom, merci pour ton SMS. Je ne peux pas te parler pour le moment. Ne le prends surtout pas mal, mais je suis en train de faire quelque chose de très important, mais je promets de t'appeler dès que j'ai terminé. A plus.

Bon ok, le message de Claire était énigmatique mais pas froid. Tom se sentit quelque peu rasséréné. Cela dit, que pouvait-elle cependant faire de si important là-bas ? Probablement que c'était juste une excuse, une échappatoire de sa part pour éviter de parler à chaud. Ils s'étaient toujours jurés de se respecter et de ne jamais se laisser aller comme tant d'autres couples, à se balancer des paroles blessantes ou insultantes – qui à leurs yeux, étaient totalement indignes de tout être humain normalement constitué et qui surtout, marquaient inévitablement le début de la fin d'une relation. Il n'était pas loin de 17:00 à présent et il n'avait toujours rien avalé. Aussi, descendit-il dans la cuisine pour vérifier le contenu du frigo. N'ayant fait aucune course, celui-ci était quasi vide, à l'exception d'un carton de lait et de jus d'orange ouverts, de quatre œufs, d'un fromage « Caprice des Dieux » entamé de moitié et de quelques bouteilles de bière – qui en les voyant – lui donnèrent envie de gerber.

Hors de ma vue, grinça-t-il, tout en les déplaçant une à une, dans un des bacs à légumes du fond. Il prit ensuite les œufs et le lait, puis descendit à la cave pour voir s'il lui restait un bocal d'haricots à la sauce tomate. *Bingo !* Il n'avait pas de quoi faire un festin, mais au moins, il ne crèverait pas de faim non plus. Tout en regardant frémir ses œufs dans la poêle, il réfléchit à trouver une solution pour aller retrouver Claire, ne fut-ce que trois jours, sur place à Newquay. Après l'épisode, Sonia, il savait qu'il risquait de la perdre. Et même, quand il lui aurait tout expliqué, il était conscient que l'espace d'un moment, sa confiance en lui avait été mise à rude épreuve et qu'une once de doute subsisterait tant qu'elle n'aurait pas lu par elle-même toute sa sincérité dans ses yeux. Il était impératif qu'il la rejoigne au plus vite. C'était quasi une question de vie ou de mort. En plus, son absence avait fait de lui un zombie. Si tant est qu'il ait encore eu le moindre doute quant à son amour pour Claire ou à son envie de partager et faire sa vie avec elle, il n'en avait désormais plus aucun. Une idée s'imposa subitement à lui. Telle une évidence, une révélation même. Il était malheureux comme les pierres sans elle. A quoi bon attendre plus longtemps ? Cela faisait un peu plus de trois ans qu'ils vivaient ensemble et mise à part la déconvenue de ces derniers mois – causée par le travail de Claire – ils étaient vraiment bien ensemble. Il allait donc la demander en mariage. N'était-ce pas là d'ailleurs le moyen le plus efficace de lui faire comprendre qu'il l'aimait et qu'il n'avait d'yeux que pour elle ?

N'y tenant plus, il stoppa net la cuisson de son omelette. La faim avait passé. Il n'avait désormais plus qu'une envie : monter dans son bureau pour contacter par e-mail ses collègues et son supérieur hiérarchique afin de les informer qu'il devait s'absenter quelques jours pour raisons personnelles. C'était osé, mais tout comme Claire, il n'avait jamais été absent en dehors de ses voyages d'affaires ou de ses congés annuels. Au vu de son parcours sans faute et de son ancienneté dans la boîte, il estimait par ailleurs bien pouvoir se permettre ce genre d'incartade, d'autant qu'il n'allait pas les mettre devant le fait accompli.

Il assumerait son rôle de chef d'équipe en se rendant lundi matin au bureau pour vérifier l'intégralité des fichiers Excel et briefer ses collègues sur la marche à suivre quant à la mise à jour des données en fin de chaque journée de travail. Il resterait, du reste, joignable à tout moment via son BlackBerry. Autrement dit, il ne serait absent que physiquement. En sélectionnant ses destinataires, il réalisa soudain que Sonia ne serait pas dupe et qu'elle allait forcément le dénoncer auprès des collègues. Ses médisances ne manqueraient pas de faire le tour de la boîte en moins de deux, avant de remonter jusqu'à la direction. Il valait dès lors mieux supprimer ses subordonnés de la barre des destinataires et ne garder que l'adresse de son supérieur direct avec lequel il allait jouer franc jeu – non pas par écrit, mais oralement. Il rédigea donc un courriel très bref dans lequel il expliqua qu'il devait s'absenter à partir de lundi après-midi pour raisons personnelles et qu'il lui expliquerait tout de vive voix, s'il le permettait à son arrivée au bureau, lundi matin. Ainsi, Sonia se verrait-elle couper l'herbe sous le pied avant même d'avoir pu échafauder une mouture fourbe et sournoise dont seul un spécimen de l'espèce féminine – s'estimant avoir été bafoué et humilié – avait le secret. Il s'apprêtait à consulter les horaires d'avion au départ du Findel lorsque son BlackBerry – déposé entre son ordinateur et sa lampe de bureau ornée d'un abat-jour en verre vert identique à celles illuminant les pupitres transposés dans les prestigieuses bibliothèques universitaires britanniques – sonna. Son cœur fit un bond. C'était Claire. Elle avait tenu sa promesse. Heureux et nerveux à la fois, il s'empressa d'appuyer sur la touche verte de son appareil pour prendre l'appel.

– Allô, dit-il d'une voix un peu hésitante.

***

– Allô Tom, devine quoi ! s'écria-t-elle joyeuse et manifestement surexcitée. *Et pour cause !* Encore quelque peu essoufflée par l'effort d'avoir arpenté à coups de machette le talus en dessous du *Harbour Café* durant près de deux heures, Claire flottait à présent sur un petit nuage. Le nuage du bonheur d'avoir retrouvé, il y avait de cela quelques minutes à peine, son anneau et parallèlement d'avoir la sensation d'avoir rattrapé son destin, qui, ces derniers mois, lui avait totalement échappé. En entendant le timbre euphorique de sa voix, Tom comprit aussitôt, comme alerté par un sixième sens, qu'elle avait retrouvé son anneau d'argent. C'était forcément ça, la chose importante qu'elle avait absolument tenu à faire avant de l'appeler.

– Tu l'as retrouvée.

– Comment tu sais ?

– Ton essoufflement ainsi que le ton triomphal de ta voix m'ont mis la puce à l'oreille. Désolé de t'avoir freinée dans ton élan.

– Oui, enfin, non. Ça prouve juste que tu me connais très bien. Et que, même en étant séparé par des milliers de kilomètres, tu es capable de lire en moi comme dans un livre ouvert.

– Et ça t'embête ?

– Bien sûr que non. C'est juste à la fois étrange et stupéfiant.

– Ça signifie peut-être tout simplement qu'on est fait l'un pour l'autre puisqu'on est presque toujours sur la même longueur d'onde. Tu ne crois pas ?

Claire rit de bon cœur en pensant effectivement à toutes ces fois où ils avaient pensé et dit les mêmes choses au même moment.

– Oui, c'est vrai. Tu n'as pas tort, opina-t-elle sans cesser de rire. En tout cas, tu peux me croire, je suis bien heureuse de l'avoir retrouvée. C'était loin d'être gagné, mais c'était sans compter sur l'aide précieuse et la persévérance de Lili. Sans elle, je n'y serais probablement pas arrivée, en tout cas pas aussi vite.

Tom entendit les chuchotements d'une autre voix féminine en arrière-plan et interrogea :

– Lili ? Qui est-ce ?

Tout en passant un bras autour des épaules de Lili, Claire répondit :

– C'est ma nouvelle amie. Ou plutôt devrais-je dire ma nouvelle meilleure amie. Tu la connais d'ailleurs. C'est elle qui nous a servi le jour J où l'anneau est tombé dans le ravin. Elle travaille à mi-temps au *Headland* et continue à assurer les services du week-end au *Harbour Café*. C'est elle qui a demandé à Ryan, le patron du restaurant, l'autorisation de saccager son buisson. Si tu voyais ça, c'est un véritable carnage. Mais bon, au moins, ça aura payé, car en plus de retrouver mon anneau, on a également retrouvé la chevalière universitaire de son cousin que celui-ci avait lui aussi perdue grosso modo de la même manière, l'été dernier. Tu te souviens, il l'avait d'ailleurs évoqué au moment où nous avions quitté le resto. C'est génial, non ?

– Absolument ! Je suis vraiment heureux car, maintenant que tu as retrouvé l'anneau, il n'y a plus aucune raison de craindre pour notre couple. Cela dissout, pour ainsi dire, le mauvais présage que tu appréhendais depuis que tu l'avais perdu, non ?

– Oui, je pense que oui. En tout cas, je me sens beaucoup plus légère depuis que je la porte à nouveau à mon majeur droit. Elle a juste besoin d'un bon bain nettoyant car, après avoir passé autant de temps à l'air, engloutie dans cette végétation, elle a totalement oxydé.

– J'imagine. Et quels sont tes projets maintenant ?

– Rentrer au plus vite.

Tom était tellement ravi de cette nouvelle qu'il en siffla de joie. Apparemment, l'allégresse d'avoir récupéré l'anneau lui en avait complètement fait zapper l'incident Sonia survenu quelques heures auparavant. Et ce n'était certainement pas lui qui allait le lui rappeler. Bien trop heureux de la tournure qu'avait pris leur conversation et par la même leur histoire, il s'empressa de lui faire part de ses projets.

– Ecoute, je viens d'envoyer un mail à mon chef pour lui demander de m'octroyer quelques jours et j'étais justement en train de consulter les horaires de vol pour venir te rejoindre à Newquay dès lundi soir. On pourrait rentrer dimanche prochain ensemble.

– Waouh ! Génial ! C'est une super idée, mais crois-tu que Martin va accepter ?

– Après tout ce que j'ai donné à cette boîte, je ne vois pas pourquoi il refuserait. Je ne lui demande que quatre jours et je resterai joignable. Puis de toute manière, comme toi avec ton Gérard, je ne lui laisserai pas le choix. C'est aussi simple que ça.

– Te voilà bien résolu.

– Absolument.

– Eh bien, je me réjouis dans ce cas.

– Et moi donc, tu ne peux pas savoir.

– On se tient au courant, alors ?

– On se tient au courant. Je pense que d'ici demain, je devrais déjà en savoir plus. Martin est toujours connecté le week-end. Je suis sûr qu'il va répondre à mon mail encore ce soir ou au plus tard demain.

– Parfait.

– Et quels sont tes plans pour ce soir ?

– J'invite Lili à dîner pour fêter l'évènement. Je lui dois bien ça. La pauvre, elle n'a pas hésité à hacher la broussaille des heures durant et à s'égratigner les poignets. Sans elle, j'y aurais passé la nuit, voire plus. Elle m'a été d'un énorme soutien et je lui en serai à jamais reconnaissante.

– Moi aussi. Fêtez-bien alors et gâtez-vous.

– A vos ordres, chef ! Nous n'y manquerons pas. Puis après quelques secondes d'hésitation, Claire demanda d'un ton suspicieux :

– Et toi, quels sont tes projets pour ce soir ?

Comprenant tout à coup qu'il avançait en terrain miné, il répondit tout à trac :

– Un tête à tête avec Mimi.

– Auquel Sonia compte se joindre ? ironisa-t-elle tout en pestant intérieurement contre elle-même de n'avoir su résister à ce sarcasme.

– Absolument pas. Ecoute, Claire ...

Mais elle le coupa aussitôt.

– Non, Tom, toi écoute moi. Pardonne-moi cette remarque acide, veux-tu ? C'était totalement puéril et mesquin.

– Non, mais je te comprends.

– Je sais. Et sache que je te crois quand tu me dis qu'il ne s'est rien passé. Mais sur le coup, c'est vrai, je ne te le cache pas, j'ai franchement été indignée d'entendre sa voix à l'autre bout du fil, alors que je m'attendais à entendre la tienne, d'autant que je voulais justement te dire que j'allais farfouiller chaque recoin du talus pour retrouver l'anneau.

– Je suis vraiment désolé.

– Mais enfin qu'est-ce qui s'est passé ? finit-elle par lancer en tentant de contrôler l'intonation de sa voix. Qu'est-ce qu'elle fichait chez nous ?

Tom se projeta en arrière sur son siège pivotant, déglutit puis répondit gêné :

– Elle m'a reconduit avec ma voiture hier soir. J'étais complètement bourré et elle m'a tout simplement ramené afin que je ne commette pas d'accident ni ne perde mon permis.

– Elle a donc dormi là ?

– Oui.

– Et où, si je puis me permettre ?

– Tu peux tout te permettre, acquiesça-t-il en tentant d'expirer son souffle aussi silencieusement que possible, histoire de ne pas laisser transparaître la honte qu'il éprouvait à l'idée de mentir en lui taisant le fait que Sonia avait dormi allongée à côté de lui, dans leur lit et qui plus est sur son côté. Il ne pouvait résolument pas lui dire cela. Elle avait beau le croire et lui faire confiance, il savait bien que personne, surtout pas une femme, ne pouvait entendre ça, sans exploser.

– Alors ?

– Sur le canapé du salon évidemment.

– T'en es bien sûr ? s'acharna-t-elle comme si elle flairait le pot-aux-roses.

Tom se sentait de plus en plus mal. Heureusement qu'il échappait à son regard scrutateur.

– Ben bien sûr, voyons ! rétorqua-t-il avec une désinvolture feinte.

– Curieux qu'elle n'en ait pas profité pour se glisser dans ton lit durant ton sommeil, renchérit-elle ironiquement.

Décidément, les femmes avaient un don imparable pour sentir quand il y avait anguille sous roche. Tom en avait les mains moites, mais réussit à tenir bon.

– La seule à avoir partagé mon lit durant toute cette semaine, c'est Mimi.

Cette déclaration eut instantanément l'effet escompté et bien qu'il ne puisse la voir, il pressentait que son visage à l'autre bout du fil s'était illuminé car, d'un ton enjoué, elle s'écria à brûle-pourpoint :

– Oh, ma MIMI ! Comment va-t-elle ? Elle me manque tellement !

– Plus que moi ? s'enquit-il mi-amusé, mi-vexé.

– Dis-toi bien que tu ne peux rivaliser avec une aussi belle, gentille et douce créature. Elle est tout simplement parfaite.

– Tu as raison. Je m'incline face à ces arguments auxquels j'adhère totalement d'ailleurs. Personne ne peut rivaliser avec une déesse.

– Et non, personne.

– A part, toi peut-être.

– N'importe quoi ! gronda-t-elle.

Claire avait toujours eu grand mal à gérer les compliments, y compris sous forme de la plaisanterie. Ça la mettait toujours mal à l'aise. Non pas qu'elle ne soit pas consciente de ses attraits. Globalement, sa frimousse et sa plastique passaient plutôt bien auprès de la gent masculine, mais de là à se prendre pour une déesse, il y avait une marge. C'était tout Tom, ça ! En même temps, c'était la preuve irrévocable de son entichement. C'était bien connu, les yeux de l'amour ont tendance à tout enjoliver or, Claire était lucide et réaliste. La beauté pour elle, comme pour beaucoup d'autres, était très relative et par-dessus tout éphémère. Se flétrissant inexorablement avec le temps, ne restait alors plus que la beauté de l'âme, du cœur et de l'esprit qui, elle en revanche, était éternelle.

– N'empêche que pour moi, tu es parfaite, rajouta-t-il persuasif.

– Si tu le dis, capitula-t-elle un sourire indulgent dans la voix.

Ils raccrochèrent quelques minutes plus tard sur un « Je t'aime » prononcé à l'unisson.

5

Newquay, Harbour Café, en début de soirée

'Cheers', les deux coupes remplies à ras bord de Deutz que tenaient Claire et Lili s'entrechoquèrent doucement de sorte à ne pas perdre une goutte de ce noble breuvage.

En remerciement d'avoir retrouvé la chevalière de son cousin Nigel, Ryan avait généreusement offert une bouteille de champagne aux deux jeunes femmes et exempté Lili de son service du soir afin qu'elles puissent célébrer tranquillement et dignement leur victoire. Il leur devait bien cela, d'autant qu'il se sentait responsable quant à la chute de l'anneau de Claire dans son buisson, quelques mois auparavant. Il se souvenait encore si bien du regard vide et perdu qu'avait alors arboré la jeune femme en quittant son restaurant. S'il avait déposé les pièces de monnaie ce jour-là calmement, celles-ci n'auraient pas tournoyé follement sur la table. Aussi Claire – afin d'éviter qu'elles ne tombent dans le ravin – n'aurait-elle à son tour pas eu besoin de faire un geste brusque pour tenter de les immobiliser. Au lieu de cela, c'était son anneau – qui au même moment, par un malheureux concours de circonstance, se trouvait lui aussi sur la table – qui dans la confusion et l'agitation de l'instant, s'était échappé à travers le garde-corps en bois du balcon pour terminer sa course au beau milieu des ronces. La vague de culpabilité qui l'avait assailli en revoyant Claire, l'avait immédiatement intimé d'accepter – quitte à ce que la végétation ne s'en trouve définitivement détruite – qu'elle et Lili furètent son buisson, bien que, sur le coup, il ne les ait prises pour deux dégénérées.

A présent, il reconnaissait de bonne grâce qu'elles avaient fait fort. C'était là de sacrés numéros ! Dès l'instant où il avait reconnu les initiales de son cousin sur le chaton de la chevalière que lui avait tendue Lili du bout des doigts – pourtant bien encrassée après douze mois passés au fond du talus – il n'avait pu s'empêcher de ressentir d'immenses remords à l'égard de son employée, envers laquelle, il était si souvent cruel. Celle-ci, pourtant, ne semblait lui en tenir aucune rigueur. Il les observait derrière son comptoir, assises au fond du restaurant en train de trinquer et de glousser joyeusement et se félicita d'avoir consenti à leur requête. Faire plaisir avait quelque chose d'euphorisant. Ainsi l'avaient-elles rendu, grâce à leur lubie et leur légèreté, d'humeur joyeuse. Une sensation qui lui avait largement fait défaut ces derniers temps. A trente-neuf ans, divorcé et père de deux enfants, il faisait partie de ces hommes qui, en dehors de leur réussite professionnelle, étaient incapables de garder une femme plus de trois mois. Entre ses horaires impossibles, les disputes avec son ex-femme à propos de la garde alternée de ses fils et de ses conquêtes, sa vie privée était un véritable enfer qu'il avait tendance à répercuter sur ses employés et en particulier sur Lili. Avec son épaisse chevelure brune aux accents acajou, ses grands yeux bleu-vert, ses formes généreuses, son sourire, sa gaieté à toute épreuve – sans parler de son petit accent irrésistible – elle le subjuguait autant qu'elle l'agaçait. Il ne parvenait pas à s'expliquer ce sentiment paradoxal qu'elle éveillait en lui à chaque fois qu'elle franchissait la porte de son restaurant pour prendre son service. Lorsqu'elle lui avait annoncé qu'elle avait trouvé un job de réceptionniste à mi-temps au *Headland*, il en avait subitement eu la gorge toute asséchée.

Craignant que son poste ne se transforme en temps plein, il avait même été jusqu'à appeler en douce Sarah – la réceptionniste en chef de l'hôtel – pour s'assurer qu'il n'en serait rien. Perdre Lili aurait été néfaste à la bonne marche du restaurant, mais aussi préjudiciable à la satisfaction de sa clientèle qui appréciait tout particulièrement sa gentillesse, sa délicatesse ainsi que son caractère à la fois jovial et bien trempé. Mais s'il était honnête envers lui-même, il était bien forcé d'admettre que ce n'était pas tout. Il avait le béguin pour elle, tout simplement. Mais au vu de toutes ses mauvaises expériences, le pessimisme l'avait gagné tout entier quant à la probabilité de trouver l'âme sœur un jour. Il avait perdu toute faculté de légèreté et de spontanéité dans ce domaine. Et pour cause, sa situation de père divorcé avec deux garçons de quatre et six ans séjournant chez lui deux week-ends par mois, au cours desquels son ex-femme, sous prétexte qu'elle n'avait pas encore retrouvé de compagnon, ne pouvait s'empêcher de les appeler à tout bout de champ pour s'enquérir de leurs activités et de leur bien-être soi-disant, n'était autre qu'un abominable bourbier dans lequel aucune femme saine d'esprit n'avait envie de mettre les pieds. Du coup, il survivait, résigné, dans l'espoir que lorsque son ex aurait enfin rencontré quelqu'un, les choses finiraient par se tasser. Ce qui dans l'immédiat ne résolvait en rien son imbroglio sentimental avec Lili. Sa proximité qu'il éprouvait comme merveilleuse et douloureuse à la fois. Il adorait la regarder évoluer souriante entre les tables mais, dès qu'elle se tenait debout devant lui, il perdait tous ses moyens. Tant et si bien que pour ne pas perdre la face ni éveiller les soupçons de ses autres employés, il la rabrouait cruellement. Il n'en était pas fier évidemment, mais il ne savait tout bonnement pas quoi faire d'autre. Il était pris au piège entre son devoir et sa conscience professionnelle de patron – qui se doit d'avoir un comportement irréprochable et surtout vertueux à l'égard de ses collaboratrices – et ses sentiments de fait, tout sauf vertueux et purs à l'égard de Lili. Jusque-là, il avait plutôt bien réussi mais, lorsqu'elle s'était si spontanément jetée à son cou tout à l'heure pour le remercier de lui avoir offert sa soirée ainsi qu'une bouteille de champagne à siroter avec son amie, il avait eu le plus grand mal à contenir son désir de la serrer plus fort et de l'embrasser fougueusement derrière son comptoir au vu et au su de tous. *Combien de temps allait-il encore pouvoir jouer la comédie ?*

***

– Eh bien tu vois ? Il peut être très sympa ton Ryan finalement.

– Oui en effet. Mais à mon avis ça ne saurait durer.

– En tout cas, il m'a semblé apprécier ton étreinte, répondit Claire en clignant d'un œil malicieux.

– Ne dis donc pas de sottises ! Il me prend pour une cruche disjonctée et ne rate pas une occasion de me le faire remarquer, tu peux me croire.

– Eh bien moi, je pense qu'il a en réalité un faible pour toi et qu'il tente de le cacher. Probablement d'une part, parce qu'il est ton boss et d'autre part, parce qu'il ne sait pas du tout comment s'y prendre et gérer cette inclination. Sa conscience doit lui donner du fil à retordre, lui rappelant que mélanger amour et travail, ce n'est jamais bon et couru d'avance. Sans parler du qu'en dira-t-on et de la grande incertitude qui doit le tarauder – quant à savoir s'il a la moindre chance avec toi ?

Consternée, Lili haussa les deux sourcils et fixa Claire l'air de dire, *tu nages en plein délire là*.

– Ah tu ne me crois pas ? Ne me dis pas que tu n'as pas remarqué que tous tes collègues masculins ici sont à tes pieds ?

– QUOI ? Mais ça ne va pas ! Tu es complètement devenue folle, ma parole. Ça doit être le champagne qui te monte à la tête ou le soleil qui t'a frappé trop longtemps dessus tout à l'heure !

– Taratata, je sais parfaitement ce que je dis, crois-moi ! D'ailleurs dis-moi, indépendamment du fait qu'il soit souvent grognon…

– Odieux, même tu veux dire, la coupa Lili.

– Ok, odieux, si tu veux. Mais à part ça, comment le trouves-tu ? Est-ce qu'il te plaît ? Physiquement je veux dire.

Lili exaspérée leva les yeux au ciel, mais en rencontrant ceux de Claire à nouveau, elle comprit que cette dernière ne la lâcherait pas avant d'avoir obtenu une réponse.

– Pfff ! Bon d'accord, puisque tu insistes.

– Ouiii, gazouilla Claire en retroussant un sourcil et en tapotant du poing sur la table. Accouche ma grande !

– Eh bien, en fait, la première fois que je l'ai vu pour me faire embaucher, je me suis dit : *Waouh*, vraiment pas mal. Je me suis même fait la réflexion que ça n'allait peut-être pas être simple, question libido. Mais, son sale caractère et sa sale manie de me rabaisser devant les clients et mes collègues, me donnant ainsi l'impression de n'être qu'une merde, m'a très vite calmée et ramené mes ardeurs au point mort.

– Oui ça j'imagine. Moi non plus, je n'apprécierais pas être traitée de la sorte en public.

– En même temps, il peut parfois se montrer très sympa et généreux, comme ce soir par exemple. Mais c'est tellement rare que cela ne saurait faire oublier tout le reste.

– Il a peut-être des soucis personnels. Que sais-tu de lui ?

– Rien ! Et sincèrement, ne m'en veux-pas, mais j'aimerais vraiment à présent apprécier ce champagne comme il le mérite ainsi que le fait d'être pour une fois libre un samedi soir et de pouvoir le passer entre filles, plutôt que de…, elle s'arrêta un bref instant pour lancer une œillade irritée en direction du bar puis acheva ; m'épancher sur les états d'âme et le profil psychologique de Ryan.

– Ok, d'accord. Mais laisse-moi te dire que, s'il te met en rogne comme ça, c'est parce qu'il ne te laisse pas indifférente.

– Tu commences vraiment par m'énerver là ! grogna Lili en frappant la paume de sa main sur la table, ce qui fit trembler les coupes ainsi que le seau et la bouteille de champagne qu'il contenait. Ryan leva les yeux dans sa direction. Gênée, elle lâcha un petit rire contrit et lui adressa un petit signe de la main, avant de retourner son attention sur Claire.

– Tu es contente ? Avec tes conneries, j'ai failli faire tout renverser.

– Et bien sûr, c'est de ma faute. Claire ne put s'empêcher de secouer la tête et de s'esclaffer de manière incrédule. Ceci ne fait que corroborer ce que je dis. Il te plait, que tu le veuilles ou non !

– Pense donc ce que tu veux. Après tout, je m'en moque, na ! Lili marqua une pause tout en jetant à nouveau un œil vers le bar puis plaqua sa main sur sa poitrine en un geste théâtral avant de lancer : moi seule peux dire ce que j'éprouve là-dedans et que tu me croies ou non, je peux te dire que lui, je ne le porte vraiment pas dans mon cœur.

A peine avait-elle dit cela, que son regard plongea dans celui de Ryan. Il la fixait intensément, comme s'il avait compris qu'elles jacassaient sur lui. Lili se sentit rougir jusqu'aux racines et lorsqu'il lui lança un large sourire découvrant ses fossettes au creux de ses joues, elle sentit son cœur battre plus vite. *Mince alors, que lui arrivait-il ? Non, non, non et non. Claire ne pouvait pas avoir raison. Elle ne pouvait pas avoir un faible pour ce type, tantôt froid, ignoble et révoltant. Tantôt enjôleur et généreux...* Songeuse, elle tapota du bout des ongles le pied fin de sa coupe de champagne.

– Alors ? Tu as remarqué comme il t'a dévorée des yeux ? interrogea Claire manifestement confortée dans ses présomptions. Pour moi, il n'y a aucun doute, il en pince pour toi.

– Eh bien, grand bien lui fasse mais pas moi !

– T'en es bien sûre ? Tu veux que je te prête mon miroir pour que tu puisses vérifier la couleur de ton visage ?

– Ecoute-moi bien Claire, susurra Lili d'une voix menaçante tout en se penchant en avant, tu me gaves avec ton babillage incessant à propos de mon patron. Ce n'est pas parce que toi, tu vas retrouver ton Tom d'ici quelques heures et filer à nouveau le parfait amour avec lui que, sous l'impulsion de ce bonheur retrouvé, tu dois te sentir, par je ne sais quel acquit de conscience, obligée de jouer les cupidons pour moi. Je suis vraiment très heureuse que tout s'arrange pour toi, mais cesse de prendre tous tes désirs pour des réalités et fiche-moi la paix avec Ryan, veux-tu ? conclut-elle, en se réadossant à sa chaise.

– Ok, ça va, souffla Claire résignée en levant ses mains paumes tournées vers l'avant, message reçu cinq sur cinq ! J'arrête. Loin de moi l'envie de vouloir te gaver. Puis d'un clin d'œil éloquent elle ajouta : pour ma part, je préfère de loin manger léger, mais savoureux. Et là, je dois dire que je me laisserais bien tenter par quelques huitres en entrée et une dorade en plat. Et toi ?

– QUOI ? En plus, tu veux qu'on dîne ici ?

– Ben, oui pourquoi pas, répondit Claire mine de rien, avant de brandir son index de façon résolue, et je te préviens, c'est moi qui régale.

Lili se pencha à nouveau en avant afin que seule Claire puisse entendre sa réponse – au cas où sait-on jamais, quelqu'un les écoutait et comprenait le français.

– C'est vraiment très gentil, mais si tu n'y vois pas d'inconvénient, je préfèrerais dans ce cas, dîner ailleurs. Ça me gêne de jouer les clientes dans cet établissement, alors que d'habitude j'y travaille, tu comprends ?

– Je suis persuadée que Ryan n'a rien contre et sans plus attendre, Claire détourna son visage en direction du bar et leva la main pour l'appeler.

Quelle chipie ! marmonna Lili qui n'avait plus qu'une seule envie, partir en courant, or il se tenait déjà debout, tout sourire devant elles.

'Yes Ladies ?'

Claire avec son visage angélique leva sur lui un regard amadouant.

'Ryan, do you mind if we stay for dinner in your restaurant?'

'Of course not. Why should I? It will be my pleasure having you both tonight here, Ladies.'

Lili, qui pendant qu'ils conversaient, avait obstinément maintenu ses yeux rivés sur ses mains, se redressa lentement et d'une toute petite voix empreinte de scepticisme insista :

'Are you sure ? I wouldn't want to put you in an uncomfortable situation as I'm normally working here.'

'So?'

'Well it might be inconvenient in front of the customers and the rest of the staff.'

Ryan à la fois étonné et ravi de tant de prévenance sourit.

'Thanks very much for your concern, Lil, but I can assure you that this is no problem at all. I'm glad if you stay!'

Voyant qu'elle continuait à se méfier, il lui pressa l'épaule pour la forcer à le regarder avant de rajouter : 'Truly !'

Claire toussota discrètement afin d'interrompre ce petit échange à première vue anodin, mais qui, selon elle, recelait une certaine intimité qui ne demandait qu'à s'éclore. Encore fallait-il qu'ils veuillent bien le reconnaître et surtout l'admettre ? Les joues de Lili avaient viré à l'écarlate lorsque Ryan l'avait appelée Lil au lieu de Lili et qu'il lui avait touché l'épaule.

Mince alors ! se dit Lili tout en portant inconsciemment sa main à l'endroit même où Ryan venait d'apposer la sienne. Ça ne lui avait pas fait ça tout à l'heure lorsqu'elle l'avait étreint pour le remercier de lui accorder sa soirée et de lui offrir à elle et Claire une bouteille de Deutz.

Ryan qui visiblement n'avait pas perdu une miette de son trouble, esquissa un petit rictus satisfait avant de lancer :

'Shall I get you the Menu Cards or have you already made your choice from the Menu Board?'

Claire, dont le choix était déjà arrêté, fut cependant prise de pitié pour Lili. Aussi acquiesça-t-elle afin d'accorder à son amie un moment de répit pour qu'elle puisse se ressaisir et cesser de dévisager Ryan avec des yeux de petite fille épeurée qui ne comprenait pas ce qui lui arrivait.

C'est à cet instant précis que Nigel, le cousin à la chevalière, fit son entrée dans le restaurant. Les deux hommes tombèrent dans les bras l'un de l'autre et se tapotèrent affectueusement dans le dos. Ryan se détacha au bout de quelques secondes tout en laissant son bras autour des épaules de son cousin et se tourna vers les deux jeunes femmes pour procéder aux présentations :

'Nigel, these are the Ladies you have to thank! Claire and Lili !'

Nigel, très à l'aise les étreignirent tour à tour chaleureusement. D'abord Claire, puis Lili. Ryan, en ressentit un petit pincement au cœur, en voyant Lili répondre de manière un peu trop enthousiaste à son goût à l'étreinte de son tombeur de cousin.

Avec ses cheveux châtains portés mi-longs, son regard sombre, accentué par des cils étonnamment longs et épais pour un homme, son teint basané et son corps magnifiquement sculpté par d'innombrables heures passées en mer sur sa planche de surf, Nigel était la réplique quasi parfaite de Christophe Lambert dans *Greystoke*.

Arborant la même démarche de prédateur dès qu'il pénétrait une pièce dans laquelle se trouvaient de potentielles proies. Des proies du sexe dit « faible » bien entendu qui, dès qu'il s'approchait d'elles ou les accostait, étaient comme terrassées par son magnétisme, ne demandant pas mieux que de lui servir de plat de résistance.

Tandis qu'il se penchait à présent pour faire un baisemain à Lili, Ryan, un rire jaune plaqué sur les lèvres, foudroya Nigel du regard, qui ne se laissa cependant nullement démonter ni arrêté dans son élan. Il effleura des lèvres délicatement le dos de la main tremblante de Lili qui en resta toute interdite.

Lorsqu'il releva la tête, trois paires d'yeux le fixaient. Ceux de Claire exprimant un ravissement non feint pour ce geste certes un peu extravagant mais débordant de bienséance. La lueur dans son regard semblait indiquer que celle-ci était indéniablement ravie de constater que la galanterie n'était pas surannée et qu'il existait fort heureusement toujours des gentlemen sur cette planète. Les yeux de Lili en revanche exprimaient davantage l'ébahissement ponctué d'embarras, tandis que ceux de Ryan lançaient carrément des éclairs.

Ses pupilles étaient dilatées au maximum, son corps arborait une posture figée et menaçante. Nigel fit machinalement un pas en arrière, manquant de renverser le couvert tout entier dressé sur la table voisine. Un exutoire salvateur qui calma le jeu instantanément. Le tintement des verres chancelants, poussant abruptement les quatre jeunes gens à sortir de leur torpeur pour stabiliser la table et tout ce qui se trouvait dessus. La catastrophe ainsi évitée de justesse fit tomber séance tenante le masque rageur exhibé quelques instants auparavant par Ryan. D'un bras, il entoura à nouveau les épaules de son cousin pour l'entraîner résolument vers le bar tout en lançant à l'adresse des deux jeunes femmes :

'Sorry Ladies but we better leave you now. Enjoy your champagne and call me once you have made your food choice.'

Nigel de son côté prit congé à contrecœur, se laissant sagement guider par son cousin vers le bar.

Les deux jeunes femmes pouffèrent telles des écolières avant de se rasseoir. Le ton inflexible de Ryan n'avait échappé à personne.

Dès que les deux hommes furent hors de leur champ d'écoute, Claire bascula son torse en avant et arqua un sourcil moqueur.

— Eh bien, à défaut de craquer pour Ryan, tu pourrais te rabattre sur son ensorceleur de cousin. Lui au moins, n'est pas ton patron et en plus d'être beau à tomber, il connaît les bonnes manières.

Lili roula des yeux exaspérés et ne put s'empêcher de lancer d'un ton acerbe :

— Il semble que c'est surtout à toi qu'il fait de l'effet, dis-moi ! Que penserait ton Tom s'il t'entendait ?

Claire expira tout en rejetant sa tête en arrière.

— Quel trouble-fête, tu fais toi quand tu t'y mets ! On parle de toi et non pas de moi, mais je te rassure tout de suite. Pour moi, il n'y a que Tom. Cela dit, j'ai des yeux pour voir et l'amour que je porte à Tom ne me rend pas aveugle au point de ne pas savoir reconnaître et apprécier le charisme d'autres sujets de la gent masculine. Crois-tu que lui ne regarde pas d'autres femmes ?

– Non bien sûr et excuse-moi, c'est nul ce que je viens de dire. Il est bien évident que si le bon Dieu nous a donné des yeux, c'est pour voir, regarder et admirer. Toutefois, sache que pour moi, les bellâtres, c'est tout simplement bien terminé ! J'ai donné ou plutôt dégusté et je n'ai tout bonnement pas confiance en leur capacité à rester fidèle sur la durée. Alors, je préfère de loin garder mes distances avec ce type d'individus.

Claire posa une main compatissante sur celle de Lili.

– D'accord tu es tombée sur d'écœurants énergumènes jusqu'ici et je te concède qu'il y en a beaucoup comme ça, mais c'est comme dans tout, il y a des exceptions. Et qui sait, Nigel en est peut-être une ?

– Ah, ah, ne penses-tu pas qu'il faille un peu plus que le laps de temps nécessaire aux présentations pimentées d'un baisemain pour pouvoir émettre un tel jugement ? s'exclama Lili en poussant un rire caustique.

– Alors, de un, tu es la seule à qui il ait fait un baisemain et de deux, ça se sent et ça se voit immédiatement, si le courant passe ou non. Tu dois au moins te donner une chance de faire connaissance avec des hommes. Ils ne sont pas tous pareils, je t'assure !

– Mais qui te dis que j'ai envie de faire connaissance avec des hommes, hein ? Ne penses-tu pas qu'on puisse parfaitement s'en sortir sans eux ?

– S'en sortir, certes, mais être heureuse ? Une vie sans amour, même si ça ne rime pas forcément avec toujours, est bien triste et fade.

Lili la scruta à son tour avant de déclarer d'une voix un brin pédante :

– En même temps, ce n'est pas un gage de plénitude parfaite et constante. Prenons ton cas par exemple. Toi qui files vraisemblablement le parfait amour avec ton Tom, cela ne t'a pas empêché de déprimer ces derniers mois.

– Touché ma Chère ! Mais je t'ai dit que cela n'avait strictement rien à voir avec lui.

– Oui, d'accord ! N'empêche que c'est bien la preuve qu'il est illusoire de croire que l'amour seul peut combler. A l'instar de l'argent, il contribue au bonheur mais n'en est nullement le garant. Pas sur le long terme en tout cas. On ne peut tout simplement pas s'accomplir grâce à l'amour, aussi parfait soit-il. De même qu'on ne saurait s'accomplir uniquement par le travail, conclut Lili en poussant un soupir fataliste.

– Ok, décidément je ne peux que m'incliner face à cette subtile analyse, reconnut Claire ostensiblement impressionnée par la lucidité morne de Lili.

– Parfait ! s'exclama Lili. Le sujet est donc clos ! Laisse-nous profiter à présent pleinement de cette soirée entre filles en toute insouciance d'accord ?

– Tu as raison ! C'est exactement ce dont nous avons besoin pour l'instant. Allez tope là ! lança Claire en levant sa main pour écraser vigoureusement sa paume contre celle de Lili.

– Et maintenant passons commande veux-tu ! fit Claire en regardant en direction du bar pour faire signe à Ryan qu'elles étaient prêtes. Mais Ryan tout comme Nigel avaient totalement disparu. Ce fut Darren, un jeune étudiant d'habitude plongeur, qui s'occupa d'elles tout au long de leur repas.

Ryan ne réapparut seul qu'au moment où elles demandèrent l'addition. Leur adressant son plus beau sourire, il annonça que celle-ci était offerte par la maison.

Perplexes, les deux jeunes femmes en restèrent l'espace de quelques secondes sans voix. Ce fut Claire qui recouvra la première l'usage de la parole :

'No way! It's very kind of you but I insist to pay! You've already offered the champagne and …'

Ryan la coupa d'un mouvement de la main.

'That's already decided. Believe me, it's my pleasure to invite, so end of discussion, ok?

Claire en fut très agacée. Elle aurait vraiment souhaité inviter Lili pour la remercier de tout ce qu'elle avait été et fait pour elle durant son séjour en solitaire. Une confidente hors pair dotée d'une sagacité extraordinaire. Lili était une perle et Claire savait d'ores et déjà qu'elle allait la regretter douloureusement lorsqu'elle serait de retour à Luxembourg. Dire qu'il lui avait fallu venir en Cornouailles pour se faire une amie luxembourgeoise. En trois ans de vie passés là-bas, elle ne s'en était fait aucune. D'une part, parce qu'à son lieu de travail – à l'exception de son patron – il n'y avait pas de

Luxembourgeois et d'autre part, parce qu'en dehors de ses sorties avec Tom, elle était restée confinée à la maison. *Quel gâchis !* Dorénavant, il allait falloir que cela change et qu'elle se crée son propre réseau social au lieu de ne côtoyer que celles et ceux appartenant à celui de Tom. Quelque part, elle enviait Lili. Ce côté bohême. Sa liberté et sa philosophie de vie, selon lesquelles elle pouvait décider un jour de faire ses valises pour les poser le lendemain comme et où bon lui semblait. *Au petit bonheur la chance.* Dans le fond, Lili n'était pas si différente que ce Kenny qui était à l'origine de son atterrissage ici, à *Newquay*. En même temps, le prix à payer pour conserver le libre arbitre, n'était pas sans conséquences. Et en son for intérieur, elle savait qu'elle n'était pas prête à mettre en péril, ni sa relation avec Tom, ni son désir de contribuer à la société par l'intermédiaire d'un travail – qui lui permette de valoriser ses compétences dans un domaine humanitaire et social – dans le seul but de laisser libre cours à plus de légèreté et de spontanéité. Toujours est-il, qu'elle admirait l'état d'esprit de Lili, à la fois vif et piquant, qui refusait de se laisser enfermer dans un modèle prédéfini. Pour sûr, Lili allait sacrément lui manquer. Heureusement qu'il y avait le téléphone et la messagerie internet. Ce ne serait pas la même chose évidemment ! Mais pour l'heure, il lui fallait trouver une astuce pour que Lili n'ait pas à se sentir redevable envers son boss. Durant les dernières heures, celle-ci n'avait fait aucun mystère quant au peu de cas qu'elle faisait de lui et il y avait fort à parier qu'elle soit tout sauf ravie de cette invitation. Claire observa Lili qui l'air revêche restait murée dans le silence et décida qu'elle laisserait un copieux pourboire qui couvrirait aisément leur repas.

'Shall I get anything else? Coffee, tea or whiskey perhaps?'
'NO thanks !' s'exclamèrent-elles de concert. Et Lili de rajouter en voyant le voile de surprise mêlé de déception traverser les yeux de Ryan :

'Thanks very much Ryan, but all this was already generous enough. We'd better go now.'

Du regard, elle chercha le soutien de Claire qui s'exécuta instantanément en se levant elle aussi de sa chaise comme si subitement le diable était à leurs trousses.

'Hey, wait a minute guys', lança Ryan; 'don't tell me you're going to bed now?' Les observant tour à tour incrédule, il écarta ses mains et poursuivit; 'This is Saturday Night, Ladies! You should go dancing. Don't you want to stretch your legs on a dancefloor?'

Prises de court par tant d'enthousiasme, elles fixèrent Ryan ébahies – ne sachant trop que répondre.

'Euh...Lili ? dit Claire en arquant un sourcil. 'What do you think? Ryan is right, it might be funny!'

Ça faisait si longtemps que ni l'une ni l'autre n'avaient dansé. Après tout, comme le leur faisait remarquer Ryan, on était samedi soir et elles étaient entre filles. Or, que pouvait-il y avoir de mieux pour bien clôturer une soirée entre filles que de s'enfiler quelques cocktails tout en se déhanchant sur une piste de danse ? Tandis que l'une et l'autre se scrutaient en tentant de déceler l'approbation dans le regard de l'autre, Ryan ajouta :

'May I suggest you the *Berties Night Club* perhaps?' – tout en passant sous silence cependant son intention de les y rejoinder après la fermeture du restaurant.

'The Berties ?' lâcha Lili qui en avait déjà si souvent entendu parler par le reste de l'équipe, notamment par Alison, qui sortait avec un des DJ. Jusqu'ici, elle n'y avait jamais mis les pieds en raison du prix du billet d'entrée.

Ryan renchérit: 'It's the most famous Night Club in Newquay.' 'Yes I know, Alison literally raves about it!' répondit Lili d'un ton bourru.

Claire, dont la curiosité était définitivement piquée, s'exclama joyeusement :

'Well that sounds good! Let's try it then!

'Euh … preferably not, as I work tomorrow.' répliqua Lili d'un air toujours aussi maussade, tout en jetant un regard en biais à Ryan.

'Oh, come on Ladies, you are young!' enchérit-il.

Lili haussa les épaules puis lissa démonstrativement le pan avant de son t-shirt et décréta :

'Anyway, we don't have the proper outfit and I really am tired now!'

Quelle dégonflée, se dit Claire. Mais, c'est vrai que l'après-midi passée à battre le buisson à coups de machette en plein soleil avait été harassante pour toutes les deux et elle-même avait peine à étouffer ses bâillements. Pour dire vrai, elles tenaient encore à peine sur leurs guiboles, alors, aller danser dans ces conditions était totalement déraisonnable, voire insensé même.

A court d'arguments, Ryan n'eut d'autre choix que de renoncer à tenter de les convaincre. Aussi, se contenta-t-il de les raccompagner vers la sortie. Arrivés devant la porte, il leur souhaita une bonne nuit, les remercia une fois encore pour la chevalière de son cousin et en profita pour les gratifier chacune d'une bise sur la joue – qui toutefois fut plus appuyée sur celle si douce et rebondie de Lili. L'espace d'une seconde, leurs regards s'accrochèrent et à voir l'expression médusée de la jeune femme, il en déduisit que c'était plutôt bon signe.

Sentant de son côté le feu lui monter aux joues, Lili détourna vivement sa tête et glissa son bras sous celui de Claire pour l'entraîner dehors.

Ryan, un brin taquin leur adressa encore un petit salut de la main avant de refermer la porte derrière elles, tandis qu'elles disparaissaient bras dessus, bras dessous dans l'obscurité de la nuit.

6

Limpertsberg, lundi 12 mai 2003, Business Center Glacis

11:00 du matin. Tom se trouvait dans le bureau de son supérieur hiérarchique, Martin Vanderutte. Un Néerlandais, réputé pour être un patron énergique, strict et dur en affaire, mais aussi très compétent et surtout juste. Tom l'appréciait et avait énormément d'estime pour lui. Ce qui, à l'évidence, semblait réciproque, puisque le motif « pour raisons personnelles » invoqué dans son message électronique samedi soir, avait suffi à lui seul pour obtenir l'assentiment de Martin par retour de courriel, une demi-heure plus tard juste à l'instant où lui et Claire avaient mis fin à leur conversation téléphonique. A présent, après avoir laissé ses dernières consignes à son équipe, Tom entendait bien saluer et remercier Martin de vive voix et tout consciencieux qu'il était, lui dresser un état des lieux précis sur les résultats et marges de profits réalisés, en cours et à venir. La conversation sans pour autant devenir familière avait très vite viré au *small talk*. Tom avait ainsi fini par confier son intention de demander Claire en mariage sur quoi, Martin s'était levé tout sourire pour lui donner une brève accolade agrémentée d'une tape dans le dos.

– Félicitations ! C'est une idée géniale !

– J'espère, fit Tom à la fois médusé par la réaction enjouée de son chef et légèrement confus, comme empreint soudain d'un soupçon d'incertitude qui n'échappa pas à son supérieur.

– Mais bien sûr ! Ne t'en fais pas, elle va se jeter à ton cou, crois-moi ! Aucune femme sensée ne peut résister à une demande de mariage de l'homme qu'elle aime, formulée qui plus est, dans un endroit aussi romantique et pittoresque que les Cornouailles.

Tom dévisagea Martin, ébahi, comme s'il n'en revenait pas que quelqu'un comme lui, un membre du Comité de Direction, puisse être tout feu tout flamme à la suite d'une telle nouvelle. Comme quoi, l'affirmation qui disait qu'un côté fleur bleue sommeillait en chacun de nous, était on ne peut plus vrai.

– Et ne prends pas cet air ahuri s'il te plaît ! réprimanda Martin en considérant Tom avec une sévérité feinte. Rappelle-toi que je connais les Cornouailles comme ma poche pour y avoir passé de nombreux étés avec les enfants et que c'est même moi qui t'ai recommandé quelques endroits clés à visiter et où aller te restaurer.

Tom se souvenait en effet de cette liste qui se trouvait d'ailleurs encore quelque part dans un des vide-poches de la voiture.

– Oui, je m'en rappelle fort bien. Et encore merci, elle nous a beaucoup servi.

– Ah, ces jeunes ! fit Martin en esquissant un demi-sourire tout en levant bras et yeux vers le plafond. Ils ont la mémoire courte, soupira-t-il, une pointe de nostalgie dans la voix. Qu'est-ce que j'aimerais retourner là-bas, mais maintenant, que les enfants sont grands, ils partent tout seuls. Quant à ma femme, elle préfère le mercure des Îles Canaries.

Il s'interrompit une fraction de seconde comme pour se remémorer ces bons moments en famille puis haussa les épaules et conclut :

– Ainsi va la vie. Les temps changent et il faut bien s'en accommoder, soupira-t-il. Réalisant peut-être que la conversation prenait tout à coup une tournure trop personnelle, il se tut, se leva de sa chaise et fit un pas en direction de Tom qui se leva à son tour.

– Allez, grouille-toi à présent, lança Martin en saisissant le coude de Tom. Va vite la chercher et amusez-vous bien ! Quant à moi, je t'attends lundi prochain ici au bureau, frais et dispo ! conclut-il devant la porte en secouant vigoureusement la main de Tom.

– Merci encore Martin et à lundi en huit, répondit Tom en lâchant la main de Martin avant de sortir de son bureau. De retour dans *l'open space* de la salle des marchés, il longea le desk de son équipe pour se diriger vers les ascenseurs. Au passage, il nota qu'à l'exception de Sonia qui dissimulait résolument son visage derrière ses quatre écrans, tous les autres collègues lui adressèrent un sourire et un signe de la main, auquel il répondit allègrement avant de s'enfourner dans une des deux cabines d'ascenseur. Arrivé dehors, il inspira profondément puis entonna gai comme un pinson, le refrain de *I feel good* de James Brown tout en se dirigeant nonchalamment vers la pharmacie située au coin de l'Allée Scheffer et de l'Avenue Victor Hugo pour regagner son domicile. Il lui restait environ quarante minutes pour aller récupérer son trolley, se changer et se rendre à l'aéroport. Les mains au fond des poches, le cœur léger, il avait envie de tournoyer sur lui-même, tellement il était heureux à l'idée de revoir Claire. Il était en train de se l'imaginer vêtue d'un joli maillot de bain turquoise toute bronzée et belle à croquer allongée sur la plage à lire un de ses romans fétiches à suspense et à siroter une limonade à la fleur de sureau. Absorbé ainsi par ces images qu'il voyait défiler devant ses yeux, il ne se rendit pas compte au moment de traverser l'Avenue Pasteur qu'un bus – contraint d'adapter son itinéraire en raison d'une déviation pour cause de travaux sur la voierie – arrivait périlleusement à sa hauteur. Le hurlement d'une femme et le grincement aigu de freins, furent les derniers sons que son cerveau enregistra avant qu'il ne sombre dans l'inconscience au beau milieu de la chaussée.

7

Newquay, au même moment

Les rayons du soleil formaient à travers les tentures rouges d'éparses et curieuses figures géométriques tant sur la couette que sur les murs de la chambre, irradiant par la même occasion une telle chaleur que Claire s'éveilla d'un coup, à la fois moite et vaseuse. Elle se frotta les yeux et se redressa péniblement. Sa chemise de nuit lui collait à la peau. *Venait-elle d'avoir un cauchemar ?* Elle n'aurait su le dire, n'en ayant aucun souvenir, si ce n'est qu'elle ressentait une étrange sensation au tréfonds de ses entrailles, un peu comme si quelque chose venait de se produire ou était sur le point d'arriver.

Elle alluma son GSM pour consulter sa messagerie et retroussa ses lèvres en un large sourire en découvrant le nombre de SMS en provenance du BlackBerry de Tom reçus ces dernières heures. Le dernier datait de ce matin, il y avait de cela une heure environ.

Kleng Miss, je m'apprête à quitter la banque. Je passe vite à la maison me changer et récupérer mon bagage. Ensuite… Zou, direction Findel. Il me tarde de te retrouver. Kussi. Däin Tom[68].

Ce qui était sûr, c'est que même à des kilomètres de distance, il parvenait, par un simple texto, à la faire fondre comme neige au soleil. Elle s'empressa de lui répondre.

---
[68] Ton Tom

Mon Chéri. Moi aussi, je meurs d'impatience. Mais s'il te plaît, pas d'imprudence ! Préviens-moi quand tu seras au Findel. Je t'embrasse. Kussi.

Bon d'accord, elle se répétait, mais pour elle, *je t'embrasse* était bien plus fort que *Kussi*. Elle abandonna ensuite son Nokia sur la table de chevet et sauta hors du lit pour aller prendre une douche.

Quelques minutes plus tard, enveloppée dans une grande serviette éponge, les cheveux encore tous dégoulinants, elle revint dans la chambre pour vérifier si Tom lui avait répondu. Elle fronça les sourcils. *Tiens, bizarre*, se dit-elle. D'habitude il répondait quasi du tac au tac à chacun de ses SMS, à moins d'être en voiture évidemment. Peut-être que d'où il se trouvait, il ne captait pas bien. Il arrivait fréquemment que les BlackBerrys déconnent dans les aéroports. Elle décida qu'il n'y avait pas de raisons de s'affoler et retourna dans la salle de bains pour se sécher les cheveux et s'enduire le visage ainsi que le corps de crème solaire, toute déterminée qu'elle était à se rendre aujourd'hui à pied à *Watergate Bay* via le chemin côtier. Selon Lili, il s'agissait d'une randonnée pédestre qui ne durait pas plus d'une bonne heure, mais qui valait vraiment le coup en termes de vue sur la mer celtique et d'efforts physiques. C'était tout à fait ce qui lui fallait en attendant avidement l'arrivée de Tom.

8

Strassen, Centre Hospitalier, Service des Urgences

12:15.

– Qu'avons-nous D'Amico ?

– Un jeune homme de trente-six ans percuté par un bus en traversant une rue au Glacis, il y a une demi-heure environ. Choc à la tête vraisemblablement. Il était déjà inconscient lorsqu'on est arrivé sur place. On l'a intubé. Le pouls est bas, mais régulier.

Robert Kraus, dit Bob, médecin urgentiste se pencha sur la civière. L'homme avait à l'instar de quelqu'un qui dormait paisiblement, les yeux clos. Une image bien trompeuse, se dit-il en sortant sa petite lampe de poche pour vérifier la contraction des pupilles à la lumière.

– Ok, on n'a pas le choix, il faut l'emmener en Réa pour lui faire passer un scanner. Sait-on qui est-ce qu'on doit prévenir ?

Au même instant, il aperçut une jeune femme s'approcher, le visage hagard.

– Ah, désolé Docteur, fit l'ambulancier en se rappelant tout à coup la présence de cette dernière. Cette dame est une collègue et accompagne Monsieur, déclara-t-il en laissant errer un regard admiratif sur le postérieur de la jeune femme qui avançait main tendue vers le médecin.

– Sonia da Felice, fit-elle d'une voix éteinte.

– Mademoiselle, bredouilla Bob visiblement troublé tout en serrant la main de la jeune femme.

– Tel que l'ambulancier vient de vous le dire, il s'est fait heurter par un bus en traversant. Je suis descendue du bureau aussi vite que j'ai pu lorsque j'ai entendu les sirènes. Une femme qui se tenait à côté de lui au moment de l'accident, m'a dit qu'il était inconscient sur le coup. Elle a immédiatement appelé le 113.

– D'accord, merci Mademoiselle !

– Mon dieu, j'espère qu'il va s'en sortir, lâcha-t-elle, en croisant ses mains devant sa bouche.

D'un coup Bob se surprit à avoir envie de prendre cette splendide créature dans ses bras, d'enfuir ses mains dans son épaisse chevelure de jais pour la rassurer. L'absence d'alliance ne lui avait pas échappé, mais le type allongé sur le brancard était visiblement plus qu'un collègue et aussi épouvantable que cela puisse paraître, il en venait presque à l'envier.

– Malheureusement, Mademoiselle, il nous faut d'abord attendre les résultats du scanner pour pouvoir établir un premier diagnostic.

La pauvre, était au bord des larmes. L'attente et l'incertitude quant à l'état d'un proche plongé dans le coma était insoutenable tant physiquement que psychologiquement. Il fit un petit signe de tête à la secrétaire-réceptionniste du service qui se tenait derrière le guichet en verre puis saisit Sonia par le coude.

– Ecoutez, allez donc prendre un café au réfectoire. Jackie va vous accompagner. Nous en saurons plus d'ici une heure, déclara-t-il, en lui décochant un sourire qui se voulait rassurant.

– D'accord, merci Docteur, articula-t-elle d'une toute petite voix en affaissant les épaules.

Il attendit qu'elles franchissent la porte vitrée coulissante tout au long du couloir avant de se rendre en radiologie.

***

Sonia touillait son café depuis une dizaine de minutes, le regard perdu dans le vide, lorsque son BlackBerry se mit à sonner. Elle en lâcha violemment la cuillère sur la table, éclaboussant à la fois la table ainsi que la veste de son tailleur crème. Elle reconnut l'indicatif du bureau qui s'affichait sur l'écran et décrocha aussitôt.

– Allô ?

– Oui, salut Sonia. C'est Martin. Alors quelles sont les nouvelles ?

– Pour l'instant, on ne sait encore rien. Ils lui font passer un scanner de la tête. On en saura plus dès qu'ils auront terminé.

– Ok. As-tu songé à prévenir Claire ?

– Euh…non, répondit-elle en se tortillant mal à l'aise sur sa chaise. *Non pas qu'elle n'y ait pas pensé, mais elle ne se voyait vraiment pas l'appeler, sachant pertinemment bien qu'elle était la dernière personne avec laquelle Claire souhaitait parler en ce moment, d'autant plus encore, en de pareilles circonstances*. Je pourrais peut-être essayer de joindre la mère de Tom d'abord.

– Oui, bonne idée, acquiesça Martin, devinant à quel point l'annonce d'une telle nouvelle pouvait affecter les proches et être de ce fait, une besogne fort inconfortable.

– Tu t'en charges alors ? réitéra-t-il, sur un ton qui sonnait davantage comme une supplique que comme une question.

– Oui Martin, je vais m'en charger, rétorqua-t-elle un peu sèchement. Mais Martin ne releva pas, bien trop ravi de ne pas avoir à s'acquitter d'une telle corvée.

– Merci Sonia. Et surtout tiens-nous au courant de l'évolution de l'état de Tom, d'accord ?

– Mais oui, bien sûr, bougonna-t-elle.

– Et courage, dit-il avant de raccrocher abruptement.

Bien tous les mêmes, maugréa-t-elle en silence. *Tous des lâches*, laissant toujours le sale boulot à nous les femmes ! Se levant rageusement de sa chaise qui crissa sur le carrelage, elle se mit en quête d'un annuaire téléphonique.

Quelques minutes plus tard, Sonia, adossée à une des parois de la cabine téléphonique du hall d'entrée, composa le numéro de Margot Michels – qui décrocha au bout de la huitième sonnerie, un tantinet essoufflée.

– Michels.

– Euh… Sonia se racla la gorge, ne sachant trop comment s'y prendre pour ne pas trop effrayer son interlocutrice. Elle se souvenait avoir aperçu une photo d'elle dans le corridor du rez-de-chaussée chez Tom. Il s'agissait d'une belle dame aux yeux pétillants qui arborait fièrement sa crinière grise argent. Impossible de lui donner un âge précis. En cas de doute, mieux valait y aller mollo.

– Bonjour Madame Michels. Je m'appelle Sonia da Felice. Je travaille dans l'équipe de Tom.

Margot sentit d'un coup son cœur faire un bond jusqu'à la naissance de sa gorge. *Une collègue ? Cela ne pouvait rien signifier de bon, non ?* D'une voix empreinte d'anxiété, elle s'enquit sans détour : que se passe-t-il ?

Sonia se racla la gorge à nouveau, déglutit puis – ne pouvant plus reculer à présent – articula d'une voix blanche : Tom a eu un accident.

Sentant le sol se dérober sous ses pieds, Margot – les yeux écarquillés d'horreur – s'agrippa de toutes ses forces au petit secrétaire Louis XIV sur lequel siégeait son téléphone ainsi qu'un énorme vase contenant un bouquet de lys blancs que lui avait fait livrer Tom trois jours auparavant. Un rituel hebdomadaire depuis que lui et Claire avaient Mimi pour la remercier d'aller chaque après-midi, selon le cas, s'occuper de la rentrer ou de la faire sortir.

– Oh, mon dieu, souffla-t-elle en portant sa main libre à son cœur. Que s'est-il passé ? Où est-il ? Comment va-t-il ? implora-t-elle terrifiée, incapable de contrôler le flot de questions qui surgissait dans son esprit et sortait de sa bouche.

A l'autre bout du fil, Sonia tentait de trouver les mots justes et jugea préférable de répondre d'abord à la deuxième question, afin d'amortir le choc qu'elle venait somme toute d'infliger à cette pauvre femme – *si tant est qu'on puisse y parvenir par le biais d'une telle information*, songea-t-elle. *En même temps, annoncer à une mère, que son fils venait de se faire heurter à bout portant par un bus, relevait d'un scénario d'épouvante susceptible de générer un malaise cardiaque. Elle s'imaginerait son fils totalement écrabouillé, polytraumatisé et démembré, alors qu'en réalité, celui-ci ne présentait aucune lésion ni égratignure apparente. Même son costume était resté intact.*

– Il est ici au Centre Hospitalier et se trouve actuellement en radiologie où on lui fait passer un scanner cérébral.

– Un scanner cérébral ? Oh, mon dieu, il a été touché à la tête ? Mais qu'est-ce qui s'est passé à la fin ?

Sonia inspira et expira profondément avant de raconter d'une traite ce qui s'était passé.

– J'arrive le plus vite possible, fut la dernière phrase de Margot, avant de raccrocher.

Toute couleur avait déserté le visage de Sonia. Ses mains étaient glacées, tout comme l'ensemble de ses membres. Elle reprit la direction de la cafétéria pour reprendre un café avant de s'arrêter net au beau milieu de celle-ci – réalisant qu'elle avait oublié de préciser à la mère de Tom que Claire n'était même pas encore au courant. *Merde !* Pour la première fois, elle éprouva pitié et compassion à l'égard de celle qu'elle considérait depuis des années comme étant sa rivale. Elle ne pouvait manifestement pas la prévenir. *Cela serait totalement déplacé* ! Elle le savait. A la place de Claire, elle non plus, n'aurait pas apprécié que ce soit précisément celle – dont elle savait pertinemment bien qu'elle tournait inlassablement autour de son homme telle une femelle en rut – qui soit justement porteuse d'une telle nouvelle. Elle aviserait donc la mère de Tom à son arrivée à l'hôpital.

***

Margot, les jambes chancelantes, regagna sa cuisine pour éteindre sa gazinière, sur laquelle elle avait mis à cuire ce qui devait constituer son déjeuner juste avant que le téléphone ne se soit mis à sonner. Bien qu'étant dans un état second, elle parvint à rassembler parka, clés de maison et sac à main ainsi qu'à enfiler une paire de vieux mocassins en un temps record. Décrétant qu'elle serait bien plus rapidement à l'hôpital en prenant un taxi, elle s'empressa d'appuyer sur la touche préprogrammée de la firme Colux, à laquelle elle faisait de temps à autres appel lorsqu'elle devait se rendre à l'une ou l'autre consultation médicale au centre-ville. Leurs tarifs n'étaient certes pas négligeables, néanmoins, cela lui épargnait nombre de désagréments liés à la densité toujours plus forte et permanente du trafic dans la capitale et d'arriver ainsi sans encombre à ses rendez-vous.

– Allez, s'impatienta-t-elle. Décrochez bon sang ! C'était fou à quel point des fois, on pouvait bouillonner intérieurement et avoir envie de hurler après le monde entier, sous l'emprise de la panique. Faisant habituellement preuve d'un sang-froid imperturbable, Margot avait en cet instant précis de grosses difficultés à contrôler ses nerfs – n'ayant qu'une hâte, être au plus vite au chevet de son fils unique.

– Oui allô… La voix de la standardiste retentit enfin au bout de ce qui lui sembla être une éternité de musique d'attente horripilante.

– Ce n'est pas trop tôt, grommela-t'elle. Margot Michels à l'appareil, j'ai besoin de me rendre de toute urgence au Centre Hospitalier.

Dix minutes plus tard.

Assise à l'arrière de la berline, Margot fulminait contre les feux de signalisation qui semblaient s'être tous – sans exception – ligués contre elle, passant systématiquement au rouge à mesure qu'ils progressaient dans la circulation. Elle se mit à marteler rageusement son sac à main du bout des doigts et à exhaler des soupirs d'exaspération tout en jetant un regard hostile au chauffeur qui l'intercepta via le rétroviseur central. Le malheureux tordit son visage en une grimace exprimant à la fois impuissance et désarroi. *Il n'en peut rien tout de même*, se sermonna-t-elle. Aussi, se força-t-elle à esquisser un semblant de sourire et à se tenir tranquille sur son siège. Reportant ensuite ses yeux sur ce qui se passait à l'extérieur du véhicule, elle laissa libre cours aux mille et une pensées qui affluaient dans son cerveau. A commencer par une certaine amertume à l'égard de Claire qui, si elle en était convaincue, n'était pas partie pour son soi-disant recul, rien de tout cela ne serait passé. Décidément, elle ne parvenait pas à se faire à cette génération de femmes pour qui, fonder une famille et en prendre soin, n'était pas suffisamment gratifiant.

Non, apparemment pour être comblée aujourd'hui, il fallait avant tout se faire un nom et une place dans la société. Gravir les échelons dans la hiérarchie professionnelle. Embrasser une carrière épanouissante tant humainement que matériellement. L'amour inconditionnel que son fils vouait à Claire ne lui suffisait vraisemblablement pas. Ça non plus, elle ne pouvait vraiment pas le comprendre.

Que n'aurait-elle pas donné pour qu'il lui eût été accordé pareille chance avec feu son mari, Jos, le père de Tom ? Sans être un mauvais bougre, son penchant pour les parties de poker bien arrosées dans les bistrots du quartier avait progressivement eu raison de leur couple. Tant et si bien qu'elle avait eu l'impression d'être veuve et entièrement livrée à elle-même bien avant que l'on ne lui diagnostique un cancer de l'œsophage. Avoir à ses côtés un homme aimant, attentionné et protecteur, qui plus est foncièrement loyal. *T'en rends-tu seulement compte jeune-fille*, maugréa-t-elle en silence. *Etait-elle d'ailleurs seulement digne de son fils ?* Jusqu'ici pourtant, Claire s'était – contrairement aux conquêtes précédentes de Tom – révélée à la hauteur de ses espérances en tant que future belle-fille. Aimable, souriante, bien éduquée, jolie et toujours élégante. Bref, lorsqu'elle l'avait rencontrée pour la première fois, elle s'était même fait la réflexion que Claire incarnerait parfaitement l'image de la belle-fille idéale dans les magazines féminins. Ni trop, ni trop peu et totalement à l'opposé de cette horrible blonde peroxydée, Laetitia dont il s'était enfin séparé après deux longues années. Rien que d'y repenser, Margot sentait les poils se hérisser dans la nuque. Mis à part ses talents au lit –

au vu de ses tenues pour le moins aguicheuses, sinon vulgaires – Margot se demandait aujourd'hui encore ce que Tom avait bien pu lui trouver d'autre qui ait concouru à le retenir si longtemps auprès d'elle. Rien de plus normal dès lors qu'elle ait accueilli et salué avec le plus grand plaisir l'arrivée de la fraicheur et de la simplicité dégagée par Claire dans la vie de son fils. Cela étant, celle-ci venait sérieusement d'effriter l'excellente opinion qu'elle s'était faite jusque-là à son sujet. Toute cette dernière semaine où Claire avait abandonné son fils. Car, c'était bien de cela dont il s'agissait à ses yeux. Ni plus ni moins ! Aussi, tout désemparé qu'il avait été par son départ, celui-ci n'avait pas mis longtemps à reprendre ses anciennes et surtout mauvaises habitudes d'avant leur rencontre. Pas plus tard que mardi dernier, soit deux jours à peine après que Claire ne se soit envolée pour les Cornouailles, Margot avait retrouvé lors de son passage quotidien pour le chat, un paquet de cigarettes gisant par terre dans le hall d'entrée ainsi qu'une bouteille de whiskey et de gin à moitié vide à l'intérieur de la mappemonde restée ouverte dans le salon. Elle s'était cependant abstenue de tout commentaire, tant sur l'escapade de Claire, que sur les égarements de son fils qui en découlaient inéluctablement, ne voulant pas risquer de se mettre en froid une nouvelle fois avec lui. Elle avait beaucoup trop souffert du silence qui s'était installé entre eux après qu'elle ait un jour tenté d'ouvrir les yeux de Tom quant à la dégaine et la conduite de son ex, Laetitia. S'en étaient suivis de longs mois de discorde et de malaise entre eux, qu'elle ne souhaitait en aucun cas revivre. N'ayant plus que lui depuis son veuvage, autant dire qu'elle le chérissait plus que tout au monde. Et voilà qu'à présent, il venait de se faire faucher par un bus. Si elle devait le perdre lui aussi, il ne lui resterait alors plus aucune raison de vivre. *Oh mon dieu, faites que ça n'arrive pas* ! supplia-t-elle les deux mains jointes en prière devant sa bouche. La voix du chauffeur de taxi la ramena brusquement au présent.

– Ça vous fera 25 euros Madame. Margot farfouilla rapidement dans son sac, sortit son portefeuille et tendit la somme exacte avant de s'extirper du véhicule en toute hâte.

9

Coast Path, à proximité de Watergate Bay

Ça faisait maintenant plus d'une heure que Claire déambulait un sac à dos sur ses épaules, le long des falaises escarpées, lorsqu'elle aperçut enfin une immense étendue de sable fin. Lili, se dit-elle, n'avait pas exagéré. Ni sur la splendeur du paysage, ni sur la difficulté du parcours. La température n'excédait pas les vingt degrés et pourtant, Claire avait les aisselles moites, chose qu'elle abominait par-dessus tout. Fort heureusement, elle emportait toujours un déodorant avec elle. C'était du reste avec la pilule contraceptive et la brosse à dents, un article qui l'accompagnait partout et en toutes circonstances. *Beurk*, fit-elle entre ses dents en insérant un mouchoir Tempo par-dessous chaque manche de son t-shirt pour absorber l'humidité avant de faire glisser son Eastpak de ses épaules pour en extraire son roll-on Nivea ainsi qu'une bouteille d'eau pour se désaltérer. Après avoir avalé la moitié du litre à grande gorgées, elle revérifia l'écran de son GSM. *Toujours rien* ! Celui-ci restait désespérément muet, tout comme sa boîte vocale d'ailleurs. *Vraiment bizarre*, pensa-t-elle en fronçant les sourcils. Ça ne ressemblait vraiment pas à Tom de la laisser sans nouvelles. Peut-être devait-elle appeler à son bureau ? N'ayant cependant aucune envie de retomber sur cette *pétasse* de Sonia, elle rejeta aussitôt cette idée. Il restait Margot la mère de Tom, mais là aussi, elle balaya immédiatement cette perspective, de peur de l'inquiéter inutilement. Elle renfourna ce qui lui restait d'eau dans son sac à dos, le renfila sur ses épaules et se remit en route. D'ici un bon quart d'heure, estima-t-elle à vue d'œil, elle pourrait tremper ses pieds dans l'eau fraîche de la mer. Il serait encore temps d'aviser à ce moment-là et de décider si oui ou non, il y avait lieu d'appeler sa *belle-mère*. A peine eut-elle pris cette résolution que son Nokia sonna et vibra dans la poche arrière de son short. En reconnaissant le nom et le numéro de l'appelant, elle comprit d'emblée – au-delà de la dimension télépathique que revêtait cet appel – qu'il venait d'arriver quelque chose à Tom. *Oh mon dieu*, s'exclama-t-elle à haute voix, tout en appuyant d'un doigt tremblant sur la touche verte.

– Allô ?

– Oui, Claire, c'est Margot.

– Bonjour Margot.

– Ecoute Claire, je ne vais pas y aller par quatre chemins, mais sache que Tom ne pourra pas venir te rejoindre ce soir comme c'était prévu.

– Euh… Mais pourquoi ? balbutia-t-elle tout en retenant son souffle à l'affût de la sentence.

– Il a eu un accident … Quelques secondes de silence s'écoulèrent avant que Claire ne retrouve sa voix et articule : oh mon dieu non, tout en se laissant choir sur une grosse pierre plantée derrière elle. Que s'est-il passé ? Comment va-t-il ? sanglota-t-elle.

En entendant les mêmes questions, qu'elle-même avait posées à la collègue de Tom une bonne heure auparavant, Margot esquissa une sorte de grimace compatissante avant de répondre, tout comme Sonia l'avait fait avec elle, en premier lieu, à la deuxième question.

– Il est inconscient et on attend toujours les résultats du scanner.

Claire sentant les larmes lui picoter les yeux, appuya sa main libre sur son front reluisant de sueur, devenue subitement glaciale et répéta d'une voix éplorée : que s'est-il passé ?

Elle aurait voulu faire preuve de plus de douceur, mais les événements étaient tels parfois que cela relevait de l'impossible. La vérité aussi dure et brutale qu'elle puisse résonner était, dans ce cas-ci, malheureusement la seule alternative.

– Il s'est fait heurter par un bus au Glacis en voulant traverser l'Avenue Pasteur.

Claire, foudroyée par l'horreur de la vision qui s'imposait à elle, poussa un cri d'épouvante et fondit en larmes. Quelques secondes passèrent à nouveau avant que Claire ne finisse par prononcer dans un reniflement sonore : c'est de ma faute.

Et tandis que Margot avait elle-même pensé la même chose en apprenant la nouvelle, elle se surprit à essayer de la réconforter.

– Mais non Claire. Tu n'y es pour rien.

– Si, si, hoqueta-t-elle. Si je n'étais pas partie, il… il, ses mots restèrent en suspens.

– Mais enfin Claire, ce n'était tout de même pas la première fois qu'il traversait cette avenue à pied. Ceci aurait pu arriver à tout moment. C'est juste un très malheureux hasard.

– N'empêche que je me sens coupable.

Margot qui n'avait vraiment pas envie d'entendre ça en ce moment, soupira bruyamment avant de prononcer d'une voix ferme et sans appel :

– Je regrette d'avoir à te dire ça Claire, mais dis-toi que tes lamentations ne vont pas l'aider. En revanche ta présence oui. Alors, si je peux te donner un bon conseil. Elle marqua un petit temps d'arrêt pour s'assurer qu'elle bénéficiait de toute l'attention de Claire – qui brusquement avait cessé de sangloter et de pleurer – si j'étais toi, je me dépêcherais de rentrer au plus vite.

– Oui, bien sûr, vous avez absolument raison. Je vais prendre le premier avion.

– Parfait. Quant à moi, dès que j'en saurai plus, je t'en aviserai.

– Merci Margot et excusez-moi.

– De rien, Claire. Je comprends. Mais il faut à présent que tu te ressaisisses. Tom a besoin que nous soyons fortes.

– Je le serai.

– Alors à plus tard.

– A plus tard, mais s'il …

– Ne t'inquiète pas, on te tient au courant.

– On ? Claire crut reconnaître la voix de Sonia aux côtés de Margot, qui chuchotait des monosyllabes qu'elle n'arrivait pas à décrypter. *Ah non, pas encore elle !* Mais elle n'eut pas le temps de corroborer ses soupçons, car Margot venait de couper la communication.

Complètement en état de choc, Claire demeura quelques instants comme paralysée, essayant en vain de rassembler et coordonner ses idées. *Lili !* Il fallait qu'elle appelle Lili pour lui demander de lui réserver le premier avion en partance pour Londres et la correspondance qui la ramènerait au plus vite au Findel. Elle sélectionna le numéro de son amie dans ses contacts et appuya sur la touche verte. Lili décrocha quasi instantanément.

– Alors ? Verdict ? Je ne t'avais pas trop promis, hein ? La voix enjouée de Lili lui réchauffa faiblement le cœur.

– C'est en effet très beau, répondit-elle en soupirant tristement.

– Claire ? Ça va ?

– Tom est dans le coma !

– QUOI ?

Claire fit rapidement le récit de ce que Margot venait de lui apprendre puis raccrocha au bout de quelques minutes, remerciant le ciel d'avoir une alliée telle que Lili. Celle-ci lui avait non seulement promis de s'occuper de ses tickets d'avion mais en plus, elle s'était proposée d'aller rassembler ses affaires dans sa chambre et de boucler ses bagages, afin de perdre le moins de temps possible. *Une vraie perle !* Dans un moment tel que celui-ci, c'était vraiment réconfortant et ça lui donnait la force de tenir mentalement. Sans plus attendre, Claire rebroussa chemin au pas de course.

10

Centre Hospitalier de Strassen,
service de Réanimation – Soins intensifs

13:40. Margot priait en silence, maintenant ses doigts si fortement entrelacés que les jointures en étaient devenues toutes blanches. Du coin de l'œil, elle observait la collègue de Tom qui ne cessait de se lever, d'aller et venir dans le couloir et de se rasseoir un bref instant avant de recommencer le même manège. Bien que ce va et vient l'agaça au plus haut point, elle était tout de même soulagée de ne pas avoir à affronter cette attente insupportable toute seule dans cette salle d'attente aseptisée. Elle soupçonnait toutefois que l'agitation de cette Sonia, allait bien au-delà de l'inquiétude que l'on éprouve naturellement en pareille circonstance à l'égard d'un chef qu'on apprécie. *Cela avait-il contribué au départ de Claire ?* Margot connaissait suffisamment son fils pour savoir qu'il ne donnait pas dans ces petits jeux et encore moins au bureau. Mais cette fille était amoureuse de lui. C'était évident. *Claire était-elle au courant ?* De but en blanc, elle lâcha comme à son habitude, sa bombe sans détour.

– Sonia, dites-moi, êtes-vous amoureuse de Tom ?

Le dos tourné, celle-ci se figea et s'arrêta net de respirer avant de se retourner au ralenti pour faire face à son interlocutrice.

Au même moment, un bruit de porte s'ouvrant à la volée vint à sa rescousse et lui épargna de devoir répondre à cette question des plus embarrassantes. Margot se leva si précipitamment que s'il ne s'était pas s'agit d'un banc fixé au sol, il se serait très certainement renversé.

– Alors ? Docteur ?

– Eh bien, désolé d'avoir été si long, mais l'IRM ne montre aucune lésion visible. C'est pourquoi, nous avons procédé à un encéphalogramme pour détecter une éventuelle anomalie de l'activité cérébrale et là rien non plus, ce qui est plutôt bon signe d'un point de vue anatomique et fonctionnel. En revanche, aucun pronostic possible quant à son réveil, même si en principe un coma de ce type ne dure jamais plus de quelques jours. Il va donc falloir vous armer de patience, car en l'état actuel, on ne peut rien faire d'autre qu'attendre.

– Autrement dit, il n'est pas paralysé, il va pouvoir reparler et retrouver toutes ses fonctions vitales d'avant l'accident ? interrogea Margot en se cramponnant machinalement au bras de Sonia.

– On peut dire qu'il a eu beaucoup de chance, compte tenu du fait qu'il se soit fait heurter de plein fouet par un bus à une vitesse, aussi réduite soit-elle. Il a un sacré ange gardien votre gaillard, croyez-moi !

Les yeux larmoyants de soulagement et de bonheur, Margot demanda : puis-je le voir ?

– Bien sûr, allez-y. Chambre 333.

Margot entoura la main tendue du médecin des siennes et le remercia chaleureusement avant de se tourner vers Sonia :

– Vous venez ?

Cette dernière hésita quelques secondes avant de répondre : non merci, allez-y seule. Je suis heureuse de ces bonnes nouvelles et vais en informer l'équipe. En réalité, Sonia avait conscience que ce n'était pas sa place. C'était à Margot et à Claire d'être auprès de Tom. Elle ne comptait pas pour lui, du moins pas comme elle l'aurait voulu. Aussi n'avait-elle rien à faire à son chevet.

– Bien, fit Margot en lui serrant la main avant de se retourner pour aller rejoindre son fils.

– Un petit café, ça vous dirait ? lança le médecin, le regard empli d'espoir à l'adresse de Sonia qui à son grand plaisir acquiesça en lui décochant un sourire timide et mélancolique.

11

Newquay Cornwall Airport

Le prochain avion pour Londres fut en réalité le troisième et dernier de la journée, étant donné l'heure à laquelle Claire était réapparue à bout de souffle et toute dégoulinante de sueur à l'hôtel. Arrivée dans sa chambre, elle avait trouvé son petit trolley ouvert sur le lit avec tous ses vêtements soigneusement rangés dedans et un petit mot de Lili dans lequel elle l'informait de l'heure à laquelle le taxi viendrait la chercher pour l'emmener à l'aéroport. Claire avait ensuite immédiatement arraché ses vêtements qui lui collaient à la peau pour prendre une douche sous laquelle elle était pratiquement restée une heure.

A présent, elle se trouvait devant le comptoir d'enregistrement avec Lili, qui avait tenu à l'accompagner pour la soutenir. Cette dernière qui, jusqu'ici avait résolument tenu la main glacée de Claire, la lâcha juste le temps qu'elle puisse déposer sa valise et son vanity-case sur le tapis roulant.

– Allez, courage ma puce. D'ici quelques heures, tu seras à ses côtés… En plus les nouvelles sont plutôt bonnes non ?

– Oui, tu as raison. On peut dire qu'on a vraiment frôlé la catastrophe et qu'on a eu beaucoup de chance. Maintenant, il faut juste attendre qu'il veuille bien se réveiller.

– Et je suis sûre que dès qu'il sentira ta présence, il le fera, fit Lili en clignant un œil.

– Oui, encore faut-il qu'ils me laissent passer la nuit auprès de lui. Or, rien n'est moins sûr, vu que les heures de visite seront terminées au moment où j'arriverai sur le sol Grand-Ducal.

Margot avait briefé Claire quant au verdict rendu par le médecin alors qu'elle et Lili étaient installées dans le taxi, en chemin pour l'aéroport de Newquay, situé en réalité, en dehors de la ville – à un peu plus de sept kilomètres nord-est – dans la paroisse de St. Mawgan en Pydar. Sans entendre un traitre mot de ce que la mère de Tom disait à Claire, Lili avait – au vu des traits du visage de son amie qui se détendaient à mesure que la conversation se poursuivait - deviné que la vie de son compagnon était hors de danger et elle s'en était intensément réjouie. Elle en avait cependant eu le cœur net lorsque Claire s'était retournée vers elle, le visage orné d'un grand sourire de soulagement. La communication s'était achevée quelques minutes plus tard sur une supplique de Claire par laquelle elle priait sa belle-mère de demander au personnel médical de faire une exception quant à l'horaire des visites afin qu'elle puisse le veiller cette nuit.

A présent, l'embarquement était imminent et c'est bras dessus, bras dessous, que les deux amies se dirigèrent vers le portique de sécurité.

– Bon retour, fit Lili tout en embrassant la joue de Claire. Et donne de tes nouvelles !

– Merci, merci pour tout Lili. Tu vas me manquer, tu sais ! répondit Claire, le regard embué.

– Toi aussi, mais à l'heure d'Internet et des GSM, on n'a plus d'excuses pour ne pas rester en contact. Et puis, rien de tel pour la santé et le moral qu'un petit séjour en bord de mer ! Alors, poursuivit Lili en brandissant son index. Dès que ton Tom est à nouveau sur pieds, pensez à me rendre une petite visite, ok ?

– Ok Chef, gloussa Claire avant de serrer Lili bien fort et de franchir le portique, sans se retourner, de peur de ne pas parvenir à empêcher ses larmes de couler.

De son côté, Lili y laissa libre cours et traversa un Kleenex collé sur les yeux le hall à l'aveugle en direction de la sortie.

12

Strassen, Centre Hospitalier

22:30. Claire pénétra d'un pas rapide le hall de l'hôpital qui à cette heure-ci était particulièrement calme. Seuls quelques patients fumeurs, trainant derrière eux un pied à perfusion, y allaient et venaient. En les croisant, Claire ne put s'empêcher de faire la grimace en sentant les désagréables relents de tabac froid et d'antiseptiques qui exhalaient de leur personne. *Il fallait vraiment être accro, pour ne pas dire suicidaire, que pour continuer à fumer en de pareilles circonstances et, qui plus est, en milieu hospitalier*, pensa-t-elle. Cela la dépassait totalement. En constatant alors que deux de ces énergumènes se tenaient debout devant les ascenseurs pour regagner leurs chambres, elle opta pour la cage d'escalier et monta quatre à quatre les trois étages qui la séparaient de Tom. Arrivée devant la porte de la chambre entrouverte, elle marqua un petit arrêt, le temps de reprendre son souffle et de s'armer de courage pour affronter l'image qui l'attendait. Sans oublier très certainement l'expression soucieuse et grave à laquelle se mêlerait peut-être même du ressentiment à son égard qu'afficherait Margot. La main posée sur la clenche de la grande porte, elle poussa tout doucement cette dernière et découvrit Tom allongé dans un lit qui lui paraissait bien trop petit pour sa stature. Sa main droite était enserrée par celle de sa mère – assise sur une chaise à côté du lit, tournant le dos à la porte. De l'autre côté se trouvait un scope cardiaque ainsi qu'un goutte-à-goutte. Elle s'avança lentement pour ne pas effrayer sa belle-mère et lui mit délicatement une main sur l'épaule pour lui signifier sa présence.

– Bonsoir Margot.

– Ah te voilà, fit-elle, en se retournant avant de se lever pour embrasser sa belle-fille. Claire se dit en la voyant qu'elle avait pris dix ans en quelques heures et s'en voulut d'autant plus d'avoir laissé Tom quelques jours. Puis tout en haussant les épaules en signe d'impuissance, Margot lui révéla que, depuis leur dernier coup de fil, Tom n'avait toujours pas bougé d'un cil.

– Si vous êtes d'accord, rentrez-vous reposer. Je vais rester auprès de lui et je vous appelle dès qu'il y a quoi que ce soit de nouveau.

– D'accord, soupira Margot. J'y vais. Il est à toi maintenant. Prends-en bien soin.

– Comptez sur moi, je ne le lâcherai pas d'une semelle.

– Je n'en doute pas. Une deuxième chance comme celle-là ne se reproduira pas ! conclut-elle en lui adressant un regard entendu.

L'once d'amertume jusqu'ici contenue de sa belle-mère n'échappa pas à Claire qui, mal à l'aise, baissa les yeux avant de murmurer : j'en suis parfaitement consciente, croyez-moi ! Margot s'avança alors vers elle et appuya brièvement sa paume fraiche contre la joue de Claire avant de sortir de la chambre. Claire attendit que le résonnement des semelles de Margot sur le linoléum anthracite cesse puis prit place à son tour sur la chaise. Tout en se rapprochant le plus près possible du visage de Tom, elle prit sa main entre les siennes et l'embrassa délicatement.

Elle crut voir au même moment les paupières de Tom cligner. Aussi approcha-t-elle son visage plus près encore afin de scruter chaque trait, chaque petit sillon apparent sur son front et sur ses lèvres qu'elle avait si souvent embrassées auparavant et qu'elle n'osait toucher à présent, de peur de faire quelque chose qu'il ne fallait pas.

Un coup sec frappé à la porte la fit se retourner. Une belle et jeune femme brune tout de blanc vêtue se tenait dans l'embrasure.

– Bonsoir, vous devez être la compagne de Monsieur Michels, c'est bien ça ?

– Oui en effet, bonsoir.

– Pascale François, je suis l'infirmière de nuit cette semaine, répondit-elle en s'avançant main tendue vers Claire.

– Claire Van Meulen, répondit-elle en lui serrant la main. Puis tout en se tournant vers Tom, elle demanda : comment va-t-il ?– Eh bien, comme on a déjà dû vous le dire, il ne présente aucune lésion cérébrale. Ses pupilles réagissent à la lumière et ses membres au toucher. Il est dans ce qu'on appelle un coma vigil.

– Ah, c'est pour ça alors ! Il m'a semblé voir ses paupières tressaillir il y a quelques minutes quand je lui ai pris sa main.

– Oui, c'est tout à fait normal ! Et si vous voulez un conseil, parlez-lui.

– Vous croyez que je peux l'embrasser sans risquer de lui faire mal, interrogea Claire un peu penaude.

L'infirmière étouffa un gloussement.

– A condition de ne pas vous jeter sur lui, vous pouvez l'embrasser comme le prince la belle au bois dormant. Peut-être va-t-il se réveiller, répondit-elle en lui décochant un clin d'un œil espiègle.

– Oui bien sûr, fit Claire en s'esclaffant à son tour. Puis reprenant son sérieux, elle questionna : combien de temps pensez-vous qu'il va encore rester inconscient ?

– Ah ! C'est quelque chose qu'on ne peut vraiment prédire.

– Je vois… Mais vous comprenez… Claire fixa ses mains croisées devant elle avant de confesser son angoisse.

Ayant entendu parler de comas qui durent des années… Pouvez-vous me confirmer cela ? Avez-vous personnellement déjà vu pareils cas ?

Quelques secondes s'écroulèrent durant lesquelles l'infirmière sembla farfouiller dans sa mémoire.

– Non et d'après les études scientifiques réalisées jusqu'ici, c'est très rare. De manière générale, il semble qu'un coma ne dure jamais plus de quelques semaines. Mais vaudrait mieux voir cela avec le médecin.

– Oui, je comprends, soupira Claire tristement.

Subitement prise d'un accès de compassion devant la mine dépitée de Claire, l'infirmière se surprit à enfreindre la règle commune appliquée tant aux patients qu'à leurs proches et qui consistait à ne pas se laisser émouvoir et par conséquent à ne pas se laisser aller à faire des pronostics bienveillants destinés à rassurer. *Trop tard*, les mots fusèrent de sa bouche sans qu'elle puisse les retenir.

– Mais au risque de m'avancer, je pense, qu'au vu des résultats du scanner et de l'électroencéphalogramme, mais aussi l'arrêt de sédation, il devrait se réveiller dans les prochaines heures. Au moins, n'avait-elle pas donné de chiffre précis quant à ces dernières.

Claire ferma ses paupières en signe de soulagement et gratifia l'infirmière d'un regard débordant de reconnaissance.
– N'hésitez pas si vous avez besoin de quoi que ce soit, vous n'avez qu'à appuyer sur le bouton qu'elle désigna du bout du doigt.

– Oui merci infiniment, articula Claire rassérénée.

– De rien, sourit-elle avant de ressortir de la chambre en fermant la porte doucement derrière elle.

Claire se rassit à côté de Tom, reprit sa main entre les siennes puis se pencha vers sa bouche pour l'embrasser.

Venait-il de répondre à son baiser ? Elle se redressa et constata déçue que ses yeux demeuraient désespérément clos. Elle jeta un regard au moniteur qui enregistrait la fréquence cardiaque de Tom. Il lui avait semblé entendre l'espace d'une seconde le bip de l'appareil s'accélérer.

Parlez-lui, lui avait conseillé l'infirmière.

Elle déglutit, vérifia d'un coup d'œil que la porte était bien fermée, puis se lança dans un monologue.

– Tom, si tu savais comme je t'aime. Tu m'as tellement manqué. Je ne suis qu'une idiote. Si tu savais comme je m'en veux. Jamais je n'aurais dû partir en Cornouailles sans toi. En même temps, je reconnais que ces quelques jours m'ont fait du bien et puis ça m'a permis de récupérer l'anneau que tu m'avais offert et qui n'a plus quitté mon majeur droit depuis que je l'ai retrouvé. Regarde, fit-elle, en faisant tournoyer sa main devant le visage de Tom. En vain, car celui-ci ne trahit aucune réaction.

– Et moi, qui croyais justement dur comme fer qu'en retrouvant mon anneau, tout irait à nouveau mieux. Non pas que nous allions mal, mais moi avec ma flemme du boulot. Faut bien avouer que je n'étais plus la même. En tout cas plus celle dont tu étais tombé amoureux. Et ça je ne pouvais plus le supporter, déjà que je ne me supportais plus moi-même. Cette lassitude, cette hargne qui proliférait dans mes veines et dans mes entrailles, faisant de moi un être exécrable, morose et renfrogné. Tandis que toi, toujours égal à toi-même. Si gentil, si patient, si bienveillant. Ce fut plus fort qu'elle, elle craqua. Les larmes se mirent à ruisseler tandis qu'elle continuait à libérer son cœur.

– Oh, Tom, je ne sais vraiment pas ce que je deviendrais si je venais à te perdre. Apparemment, selon les dires du médecin et de l'infirmière, tu n'as rien de grave et tu devrais bientôt te réveiller… Mais, hoqueta-t-elle, cette attente… et puis te voir allongé comme ça dans ce lit trois fois trop petit pour toi… Prise soudain d'un rire nerveux en repensant au jour où ils étaient allés acheter leur chambre à coucher. Un lit double, le plus large que vous ayez, avait-il dit à la vendeuse. Je bouge beaucoup pendant la nuit avait-il poursuivi en lui décochant un sourire suggestif qui avait fait rougir cette pauvre fille jusqu'aux oreilles. Claire se moucha puis se ressaisit avant de supplier :

– S'il te plait réveille-toi Tom, reviens-moi ! Elle pressa le dos de la main de Tom contre son front et continua à pleurer tout son soûl, quant à nouveau, elle entendit un changement dans la façon de biper de l'émetteur de fréquence cardiaque. *Etait-ce bon signe ou pas ? Que cela signifiait-il ? Qu'il était en phase de réveil ? Qu'après tout il y avait quand même peut-être une complication ?* Le doigt positionné sur le bouton rouge, Claire s'apprêtait à appuyer dessus lorsqu'elle réalisa que les doigts de Tom, jusqu'ici immobiles, se refermèrent en une légère pression sur sa paume. A nouveau, elle leva les yeux vers ceux de Tom qui étaient à présent grands ouverts.

– Tom ! Tu es réveillé ? s'écria-t-elle.

– Et oui, il suffisait de demander, répondit-il d'une voix un peu pâteuse, tout en s'efforçant de sourire.

Claire refondit en larmes, des larmes de joie cette fois. Puis en silence elle remercia Dieu ainsi que son anneau d'argent qu'elle pressa résolument contre son pouce.

Remerciements

Merci du fond du cœur :

- à Danielle et Valère Rion-Delbruyère – ma tante et mon oncle – pour leur soigneuse relecture, leurs précieux commentaires et conseils,
- à Dr Serge Delvigne, médecin généraliste et Madame Guillaume du service Réanimation-Soins intensifs au Centre Hospitalier pour le volet médical,
- à toi, Guy, mon époux et mon plus fidèle supporter,
- à vous qui venez de me lire.

www.ingramcontent.com/pod-product-compliance
Lightning Source LLC
Chambersburg PA
CBHW020833160426
43192CB00007B/633